CLAIRE PANIER-ALIX

CUISINE & FANTASY

CE QUE MANGENT LES HEROS

Illustration : Medieval Ancient Kitchen Table (MAB2UBkNfkg), Licence Canva.com
n°BADjk3Rit6E
© Claire PANIER-ALIX, 2019
Éditeur : BoD-Books on Demand
12-14 rond-point des Champs-Élysées, 75008 Paris
Impression : Books on Demand, Norderstedt, Allemagne

ISBN : 9782322190850
Dépôt légal : décembre 2019

CLAIRE PANIER-ALIX

CUISINE & FANTASY

CE QUE MANGENT LES HEROS

CUISINE & FANTASY

TABLE DES MATIERES

INTRODUCTION 13

MISES EN BECS 21

    Mistembecs 23

    Dégustez trempé dans du miel liquide ou de l'huile d'olive 23

    Biscuits de la Joie de Sainte Hisdegarde 24

    Pain d'épices 26

SOUPES & BROUETS 29

    Soupe d'épautre 31

    Brouet du Juste 33

    Poivre 33

    Brouet à la sarrasine 35

    Brouet d'espinarde 37

    Garbure 38

    Soupe à la Molokheya 39

    Soupe de lentilles au lait de coco 41

CLAIRE PANIER-ALIX

et curry noir 41

Porez de courge 43

2 tasses de crème 43

Soupe à l'oignon 45

Soupe à la bière 47

Garbure aux marrons 49

Cretonnée aux fèves 51

PASTÉS ET FRIANDS 53

Fricateaux 55

Pasté aux champignons 57

Talmouses au fromage 60

Terrine à la Gauvain 62

Pastillus de poulet 65

Pâté de lapin à la Irène 67

VOLAILLE 69

L'ambroisine de poulet 71

Le poulet au citron 73

CUISINE & FANTASY

Poulet à l'eau de rose et aux épices 75

Cominée de poulaille 76

Poulet persillé aux épices 79

Petits coquelets farcis 81

Pintade dodine de verjus 82

Magrets de canard à l'hypocras 84

Chapon dodu en croûte 86

VIANDE ROSE, ROUGE ET VENAISON 89

Pot-au-feu de cuisses de canard, genièvre de Houlle et chicorée 91

Agneau aux abricots secs 94

1 kg d'agneau (épaule) coupés en dés 94

Sauté d'agneau au macis 96

Sauté d'agnelet aux pois chiches 98

1 oignon 98

Mouton au miel et amandes 99

Gigot d'agneau en croûte 101

Cochon de lait farci 103

Jambon au miel et épices 106

Frigousse aux cinq viandes 108

Rôtis de sanglier à la venaisoise 110

Bourbelier de sanglier 112

TOURTES 115

Tourte à l'ortie 117

Tourte à la volaille, porc et fromage 119

Tourte à l'ail, au fromage, aux raisins et aux épices 121

Tourte aux herbes 123

Tourte façon bouclier 125

POISSONS ET FRUITS DE RIVIERE ou DE MER 127

Grave d'écrevisses 131

Civet d'huîtres 133

Civet d'huîtres (varitante de Rion) 135

Morue en aillée 137

Bar au sarrasin 139

Anguilles au vert 142

CUISINE & FANTASY

Pâté sec de truite 144

Epimbêche de rougets 146

Lotte aux raisins 147

Lotte à la Irène 149

Marinade de saumon au gingembre et à l'orange 151

Chaudumé de saumon 153

Coques à la crème 155

4 l de coques 155

Saint-Jacques au calva 157

16 coquilles Saint-Jacques 157

Saint-Jacques au cidre 159

16 coquilles Saint-Jacques 159

Crabes farcis 161

LEGUMES 163

Navets aux châtaignes 165

1 kg de navets blancs 165

Cretonnée de pois et de fèves 166

Crosnes à la crème	167
Tourtière de légumes et d'herbes	168
Purée de fèves	170
Bol sarrasin	172

DESSERTS 175

Tarte bourbonnaise sucrée	177
Läkerlis	179
Moelleux au miel	182
Gâteau à l'orientale	183
Massepain	185
Gâteau moelleux au miel et aux amandes	187
Gâteau aux pommes de ma grand-mère	189
6 pommes	189
Scones irlandais	191

ANNEXES 193

BOISSONS 195

Hypocras	197

CUISINE & FANTASY

   Hydromel 199

   Moretum 201

   Ratafia de raisin 203

CEREALES 205

   Boule de pain maison 207

   Gruau d'épautre 209

   Gruau d'orge fromenté 211

   Gâtelet de sarrasin 212

   Lembas elfique 213

INDEX 215

CLAIRE PANIER-ALIX

CUISINE & FANTASY

INTRODUCTION
« des mots à la bouche »

« Si un plus grand nombre d'entre nous préférait la nourriture, la gaité et les chansons aux entassements d'or, le monde serait plus rempli de joie ».
J.R.R. TOLKIEN, *Bilbo*

Je suis entrée en fantasy en lisant Shakespeare, le croyez-vous ? c'est pourtant vrai. J'étais toute gamine, la troisième d'une fratrie de cinq, avec une maman toujours aux fourneaux qui fit de nous des « gueules » comme on dit. Or, on mange beaucoup en littérature, croyez-moi, et plus encore dans les univers qui m'intéressent : le merveilleux, le légendaire, la mythologie, le fantastique, la fantasy...

J'ai toujours beaucoup lu, volant des beaux livres dans la bibliothèque paternelle, puis dans celle du mon frère aîné. Vaquant de l'une à l'autre, je passais des bras de Macbeth à ceux d'Henry V sans oublier Hamlet, avant de sauter dans ceux bras de Lewis Caroll, de Louis Stevenson ou de Jack London. Quand je tombai à genoux devant Tolkien, c'en était fait de moi.

CLAIRE PANIER-ALIX

Du plus loin que je m'en souvienne, Sam préparant le frichti pour Frodon, sortant ses herbes de son sac et se chamaillant avec Gollum, voilà ce qui m'a touchée. Tout comme de nombreuses scènes de romans de fantasy plus récents, où le héros (ou anti-héros), malmené par le sort, cherchait réconfort autour d'un bon feu, d'une soupe ou d'un maigre gibier rôti... Et combien de fois ne nous sommes pas retrouvés, lecteurs, dans une taverne bruyante, devant une pinte de bière ou un vin épicé dans lequel on trempait du pain ? Shakespeare, Lewis Caroll, Tolkien... et tant d'autres. Tous savent que la nourriture compte.

Il est vrai qu'elle est au centre de la plupart des mythes et légendes, quelle que soit la civilisation. La plupart du temps, elle n'est pas là juste pour « le décor » et l'ambiance : elle est actrice sinon moteur de l'action.

Claude Levi-Strauss l'a mis en évidence dans « *Le cru et le cuit* » (1964), de même que Gilbert Durand dans « *Structures anthropologiques de l'imaginaire* » (1960) : se nourrir, faire ripaille, se soigner, se laisser tenter, dévorer l'autre, se faire dévorer, des symboles qu'il n'est plus à rappeler...

Dans la littérature du merveilleux, manger (ou boire) apparaît souvent comme une action liée au magique, au surnaturel. On retrouve cette idée dans de nombreux contes (Jack et le Haricot Magique, Hansel et Graetel,

Le Petit Poucet, Le Petit Chaperon Rouge, Le Chat Botté, la Belle et la Bête…). C'est aussi un rappel de la réalité tragique dans laquelle vivent tous ces personnages : les pauvres bougres, la guerre, l'indigence, la violence, la famine… Car si le soi-disant Merveilleux est comme la Fantasy moderne, peuplé de têtes couronnées, le peuple est omniprésent, dans un décor souvent fait de boue, de grisaille, de misère. La nourriture, dès lors, devient un personnage à part entière, une sorte d'enjeu permanent : elle cause la perte des personnages, ou bien les réconforte. A la fin, elle les récompense souvent.

La nourriture est un outil pratique pour les méchants, dans ce contexte « médiéval » : la sorcière cannibale appâte les enfants avec sa maison de pain d'épice et ses sucreries, et les engraisse en vue de les dévorer. La symbolique du prédateur sexuel est claire, et d'ailleurs, Ogres et Ogresses ne sont rien d'autre que des tueurs d'enfants.

Mais manger n'est pas qu'un péché, une tentation mortelle ~ originelle. Le pendant à cela c'est le plaisir, la récompense après l'épreuve héroïque. Le banquet final, c'est le Walhalla de la tradition nordique. Voici qui nous éloigne du conte judéo-chrétien pour nous rapprocher de la Fantasy moderne.

Dans l'imaginaire médiéval occidental, le symbolisme de la bouche est une clef importante. Évidemment, l'occident baigne alors dans le péché originel, le Saint-Graal, l'Enfer…

Si on trouve davantage la boisson comme symbole de l'amour transgressif, dévorant et passionnel (Tristan et Iseult, victimes involontaires d'un filtre magique) on ne peut échapper à ce rôle négatif de la nourriture dans la légende arthurienne, référence entre toutes des amateurs de fantasy. Ainsi, c'est au banquet d'Ygraine que le père d'Arthur, Uther Pendragon, séduira la femme d'un autre en usant de magie. S'ensuivra sa déchéance et sa mort… Plus tard, le Roi Pêcheur départagera Lancelot, Gauvain et Galaad au banquet du Graal. Et, bien entendu, le Saint Graal lui-même, récipient qui reçut le sang du Christ et qui promettrait immortalité, invincibilité et puissance à celui qui le mériterait et boirait dedans.

Boire. Le Sang. Nous verrons plus loin l'importance de cet aspect nourricier…

Ce qui m'interpelle le plus dans les légendes arthuriennes, c'est le passage culturel entre celtisme et christianisme. L'Église et l'ère du temps a entièrement récupéré la légende pour la parer de sa propre symbolique. Si je devais résumer ma pensée, je dirais que ce qui était bien est devenu mauvais, et peut-être vice versa… Il en est ainsi de tout ce qui touche à la nourriture.

Pourtant, du mythe au conte, de la légende au roman de fantasy, si poisons, filtres et potions continuent de hanter les récits, l'aspect « Walhalla » a su garder sa place de réconfort à la ripaille.

Rabelais, peut-être, est passé par là.

Chez lui, les géants mangent. Ils dévorent tout, jusqu'au narrateur lui-même. La nourriture fait du bien, elle cultive le corps pendant que la cervelle se remplit aussi. Elle comble le vide, elle rassasie, elle anime les sens, elle donne vie au corps et va jusqu'à symboliser le Savoir et la Science. Dans ses « Essais », Montaigne fera de même quarante ans après Rabelais.

On mange, on est mangé, on vit dans monde immense dont on n'est pas le centre. D'autres que nous existent, ailleurs. La nourriture permet d'échanger, de partager, et d'expliquer aussi que la pensée chrétienne est toute relative.

En Fantasy, le côté « réconfortant » du banquet final, de la chaleur d'un feu de cheminée, de la pause thé ou de la bonne soupe chaude, du gibier en train de rôtir sur le feu de camp dans une clairière… est redondant. De même, les créatures « dévoreuses » des mythes, reprises dans la littérature Fantastique et la Fantasy.

Ainsi, par exemple, la Goule. On la trouve par exemple dans le *Vampire* d'Alexandre Dumas. Plus tôt, elle se trouvait dans les *1001 Nuits* de Galland (1704). Le buveur de sang, lui, on l'a adoré dans le *Vampire* de Nodier, celui de Polidori et Byron (1817), ou celui de Gauthier (*La morte amoureuse* (1836))... Ou le *Dracula* de Bram Stoker (1897), bien entendu. Au sujet de ce dernier, ce n'est pas innocent si Coppola (1992) a incorporé une scène de rôti saignant et autres mets dans son film. Le sang nourri. Il obsède. Le sang est la vie. Il est la mort.

Maupassant a lui aussi abordé le sujet dans Le Horla. Son héros, persécuté par une créature qui le dévore peu à peu, place dans sa chambre toutes sortes de plats et aliments pour tester ses goûts et s'en défaire.

La Science-Fiction n'est pas vraiment mon domaine. Voici ce qu'en dit Jean-Claude Dunyach, dans *Alimentation et société SF : À la table des matières* :

> « L'alimentation est ... très présente dans la science-fiction... Mais celle-ci est abordée d'une curieuse façon. Du fait que nous inventons des races extra-terrestres, nous nous posons très rapidement la question de savoir comment ces gens mangent, et à travers elle, puisque manger revient à absorber une partie de son environnement sous une forme à la fois plaisante et nourrissante, quel est leur rapport à la nature.

Dans cette perspective, certains auteurs de science-fiction se sont spécialisés sur les questions alimentaires, à l'instar de Peter F. Hamilton, qui décrit 50 façons de faire des œufs au bacon selon la planète sur laquelle on se trouve »

Pour ma part, je n'évoquerai que quelques pistes, toutes liées à une vision cauchemardesque du futur liée à l'alimentation et au devenir de l'être humain.

Dans *La Machine à remonter le temps*, H.G.Wells imaginait que l'humanité se scinderait en deux groupes, l'un végétarien, et l'autre, cannibale, se nourrissant du premier.

D'autres se projettent dans cet avenir angoissant en faisant de la nourriture et de la survie de l'Humanité (voire de la Terre) un enjeu autrement atroce : le recyclage des corps. Dans *Soleil Vert*, l'alimentation telle que nous la connaissons encore de nos jours, est devenue une rareté, quasi un mythe. A l'heure où beaucoup d'entre nous prennent conscience de la catastrophe humanitaire, écologique, climatique que subit notre monde, la science-fiction a été rattrapée par la réalité.

La Fantasy, par son décorum médiéval fantastique, merveilleux, accorde une part plus savoureuse à la table. Gibier, volailles rôties, pâtés et tourtes, auberges chaleureuses, pichets de vin ou pintes de bière, soupes et potions qui soignent peuples ses pages et rythment bien des aventures... Tout en

accordant toujours une place prépondérante aux monstres dévoreurs des mythes. On peut encore saliver en rêvant de poularde farcie, de pâté de lapin ou de légumes goûteux, sans culpabiliser. Après tout, en Fantasy, les héros sauvent le monde, ils méritent bien un bon petit plat en rentrant du boulot…

Toutes ces recettes contenteront 4 personnes gourmandes.

Claire Panier-Alix, 2019

CUISINE & FANTASY

MISES EN BECS

CLAIRE PANIER-ALIX

CUISINE & FANTASY

Mistembecs

Faites une sorte de pâte à pain, avec 500g de farine, un sachet de levure de boulanger, un peu de sel et de l'eau.

Laissez lever 1 à 3 heures selon la température ambiante.

Faites frire dans l'huile de noix.

Dégustez trempé dans du miel liquide ou de l'huile d'olive

CLAIRE PANIER-ALIX

Biscuits de la Joie de Sainte Hisdegarde

100g de beurre

100g de sucre roux

70g de miel

1 cuillère à café de muscade en poudre

1 cuillère à café de cannelle en poudre

5 clous de girofle broyés

2 œufs

250g de farine d'épeautre, ou de farine complète Faites fondre le beurre.

Retirez du feu et ajoutez le sucre, le miel, les épices, puis les œufs. Mélangez bien.

Versez dans un saladier contenant la farine d'épeautre, pétrissez avec les doigts.

Si la pâte colle, rajoutez un peu de farine.

Étalez au rouleau sur le plan fariné, sur 5mm d'épaisseur, et découpez des formes à l'emporte-pièce, éventuellement les dorer à l'œuf.

CUISINE & FANTASY

Faites cuire à th 6, sur plaque et papier sulfurisé, bien espacés, car ils gonflent en cuisant, environ 10mn.

Servir à l'apéritif avec un vin cuit, un vin moelleux ou un hypocras bien frais.

CLAIRE PANIER-ALIX

Pain d'épices

Anis vert en poudre

Cannelle en poudre

250gr de miel

250 gr de sucre roux en poudre

10gr de bicarbonate de soude (ou 1 sachet de levure chimique)

500 gr de farine

Sel

Servir à l'apéritif avec un vin cuit, un vin moelleux ou un hypocras bien frais.

Chauffez à feu moyen, en remuant sans cesse :
350cl d'eau, miel, sucre roux, bicarbonate, sel
Quand ça commence à bouillir, retirez du feu.
Ajoutez, toujours en remuant, 2 cuillères à café d'anis vert en poudre et 2 cuillers à café de cannelle en poudre.
Versez la moitié de cette préparation dans un saladier contenant la farine bise, en mélangeant avec une cuillère en bois.

CUISINE & FANTASY

Puis ajoutez le reste de la préparation, et, cette fois mélangez au fouet, énergiquement, jusqu'à ce que la pâte soit bien lisse et sans grumeaux.

Cuisez-la dans un moule à cake, dans le four préchauffé th 7.

Après 10mn de cuisson, baissez la température à th 4, et cuire encore 45 minutes.

Servir froid.

SOUPES & BROUETS

CUISINE & FANTASY

Soupe d'épautre

120 g d'épeautre

5 carottes

2 navets

1 quartier de potiron

2 branches de céleri

1 petite boîte de pois chiches

3 oignons nouveaux

2 gousses d'ail

100 g de lard frais

2 cubes de bouillon de légumes

2 cuillères à soupe de persil ciselé

2 cuillères à soupe d'huile d'olive

Sel et poivre.

CLAIRE PANIER-ALIX

Faites cuire l'épeautre 1 mn dans une casserole d'eau bouillante salée.

Couvrez et laissez gonfler hors du feu.

Rincez et égouttez.

Pelez et coupez carottes et navets en dés.

Ôtez la peau et la partie filandreuse du potiron.

Détaillez la chair en cubes.

Effilez et taillez le céleri en tronçons.

Pelez et émincez les oignons et l'ail.

Égouttez les pois chiches.

Coupez le lard en dés.

Délayez les cubes de bouillon dans 1,5 l d'eau chaude.

Faites revenir les oignons et le lard dans de l'huile d'olive. Ajoutez les légumes, l'épeautre, l'ail et le bouillon.

Salez et poivrez à votre convenance.

Cuisson 45 mn.

Parsemez de persil frais émincé.

Servez avec des croûtons de pain aillé bien grillés.

CUISINE & FANTASY

Brouet du Juste

10 tasses de bouillon de légumes
2 cuillères à soupe d'huile d'olive
1 gros oignon haché
1 poireau haché fin
2 tasses d'orge perlée
1 navet moyen coupé en petits cubes
1 tasse de vin blanc
Thym
3 feuilles de sauge
Sel
Poivre

Dans une marmite, faites revenir l'oignon et le poireau dans l'huile à feu vif.
Ajoutez l'orge et remuez pendant 1 minute.
Ajoutez le bouillon, le thym, la sauge et le navet.

CLAIRE PANIER-ALIX

Laissez mijoter 1 heure.

Salez et poivrez à votre goût.

Juste avant de servir, ajoutez le vin, remuez, couvrez 2 minutes.

CUISINE & FANTASY

Brouet à la sarrasine

1 beau poulet fermier
50g d'amandes mondées
50g de raisins secs
10 dattes
10 pruneaux
2 tranches de pain de campagne
1/4 de litre de vin blanc
2 citrons et 1 orange
50g de lard salé coupé en petits dés
1 pomme
1 poire

Salez le poulet et rôtissez-le après l'avoir farci avec le foie. Pendant ce temps, faites griller le pain, coupez le lard en petits dés, pressez les citrons et l'orange, puis mélangez leurs jus avec le vin. Épluchez la pomme et la poire.

Lavez les raisins secs, les pruneaux et les amandes (on peut les faire gonfler dans un peu de calva).

Quand le poulet est cuit et bien doré, découpez-le.

Mettez le foie de côté et écrasez-le avec le pain grillé.

Ajoutez les épices.

Délayez avec le mélange vin/jus d'agrumes et mettez le tout dans une casserole.

Ajoutez les morceaux de poulet, les fruits, et le lard.

Faites bouillir 20 minutes.

Salez et poivrez à votre goût.

Cuisine & Fantasy

Brouet d'espinarde

2 cuillères à soupe de beurre

2 tasses de champignons en tranche

1 tasse d'orge

10 tasses de bouillon de bœuf

2 tasses d'épinards coupés grossièrement

1 cuillère à café de cumin

1 cuillère à café de coriandre

Sel et poivre

Dans une grande casserole, faites fondre le beurre.

Faites revenir les champignons et l'orge 1 minute.

Ajoutez le bouillon, le cumin, la coriandre, le sel et le poivre.

Laissez mijoter 1/2 heure à feu moyen.

Ajoutez les épinards.

Laissez cuire 30 mn.

CLAIRE PANIER-ALIX

Garbure

1 morceau de confit d'oie

1 morceau de confit de porc

150 g de graisse d'oie

1 chou vert

500 g de haricots blancs ou fèves jaunes ou pois

500 g de carottes

500 g de navets tendres

150 g d'oignons

1 gousse d'ail

4 l d'eau

1 cuillerée à café de sel

1 cuillerée à café de poivre

Faites cuire les haricots blancs (encore fermes).

Placez dans une marmite, le confit d'oie et de porc, la graisse d'oie, le chou vert coupé en julienne, les haricots blancs les navets, l'oignon haché, l'ail haché, le sel, et poivre.

Faites cuire pendant 40 min.

CUISINE & FANTASY

Soupe à la Molokheya

1 poulet fermier

huile d'olive

1 oignon

10 gousses d'ail

1 cube bouillon de poulet

500 g de feuilles de corète hachées ou bien 150gr de molokheya (ou méloukia) séchée et moulue

1 cuillère à café de coriandre moulue

Épluchez l'oignon.

Versez 1l d'eau dans une grande casserole.

Assaisonnez (sel et poivre) et faites bouillir l'oignon entier.

Faites cuire ele poulet environ 20 min dans l'eau bouillante et conservez ce bouillon

Faites cuire le poulet au four.

Faites réduire le bouillon de moitié sur le feu.

Ecrasez 2 gousses d'ail, et enlevez l'oignon du bouillon.

Mettez-Y les 2 gousses écrasées et ajoutez les épices.

CLAIRE PANIER-ALIX

Baissez le feu au minimum.

Faites dorer les gousses d'ail restantes dans de l'huile d'olive.

Ajoutez-les à la soupe ainsi que le poulet découpé.

CUISINE & FANTASY

Soupe de lentilles au lait de coco et curry noir

450 g de tomates
1 gros oignon
50 cl de lait de coco
1 cuillère à soupe de curry noir torréfié
2 cuillères à soupe de coriandre en feuilles
200 g de lentilles
Sel et poivre

Émincez l'oignon assez finement.
Pelez les tomates après les avoir plongées dans l'eau bouillante.
Coupez les tomates en petits morceaux.
Mettez l'oignon à cuire à feu moyen dans l'huile d'olive.
Une fois les oignons dorés, versez le lait de coco et saupoudrez le curry noir.
Assaisonnez à votre goût et prolongez la cuisson 5 min à feu léger.

Ajoutez les tomates et les lentilles.

Laissez mijoter 45 min.

Ajoutez la coriandre.

Porez de courge

6 tasses de courge en cube

8 tasses d'eau

1 tasse de miel

2 cuillères à café de muscade

1/2 cuillère à café de cannelle

1 cuillère à café de poivre

2 tasses de crème

Mettez tous les ingrédients dans une grande casserole.
Portez à ébullition, laissez cuire 45 minutes.
Laisser refroidir un peu.
Ne pas jeter l'eau.
Quand les courges sont tièdes, moulinez-les.
Ajoutez la crème, voire un peu plus d'eau selon la consistance souhaitée.
Remettez au feu pour réchauffer la porez, servez.

Porez pommes et navets

4 tasses de navets en petits cubes

4 tasses de pommes pelées et épépinées

10 tasses d'eau

1 tasse de miel

1 pincée de sel

1 cuillere à café de cannelle

1 cuillere à café de muscade

2 cuilleres à soupe de beurre

La recette est la même que pour la porez de courge. Le goût est plus délicat et plus doux.

CUISINE & FANTASY

Soupe à l'oignon

5 oignons

50 g de beurre

1 cuillère à soupe d'huile

1/2 litre de vin blanc sec

1/2 litre d'eau

1 cuillère à café de sucre

1 pincée de gingembre en poudre

1 clou de girofle broyé

1 pincée de safran

4 cuillères à soupe de vinaigre de vin

4 tranches de gros pain sec

1/2 baguette

200 g de parmesan ou gruyère râpé

Émincez les oignons, faire-les revenir sans les brûler dans le mélange beurre-huile.

Lorsqu'ils sont dorés et translucides ajoutez le vin blanc, l'eau, et le sucre.

Laissez bouillir 15 min.

Broyez le pain sec finement en chapelure.

Ajoutez le gingembre, le clou de girofle et le safran.

Liez avec le vinaigre de vin et versez dans le bouillon précédent.

Faites bouillir pendant 10 à 15 min (en remuant).

Faites dorer au four 18 tranches de baguette.

Répartissez la soupe dans 6 bols à four ou poêlons individuels.

Ajoutez trois tranches de baguette par bol puis le fromage râpé.

Faites gratiner sous le grill du four.

Soupe à la bière

1,5 litre de bière blonde légère

75 g de beurre

50 g de farine

6 tranches de pain

50 g de sucre en poudre (cassonade)

2 dl de crème épaisse

4 jaunes d'œufs

1 pincée de cannelle

Sel

Poivre

Coupez le pain en petits cubes et le faire revenir dans un peu de beurre (25 g) à la poêle.

Réservez ensuite les morceaux de pain dès qu'ils sont suffisamment dorés.

Réalisez un roux blanc (comme pour une béchamel) :

CLAIRE PANIER-ALIX

50 % de farine tamisée ~ 50 % de beurre (50 g de chaque)

Faites fondre le beurre doucement dans une casserole à fond épais (le beurre ne doit pas se colorer).

Quand le beurre est fondu et qu'il commence à légèrement grésiller, ajoutez hors feu et en une seule fois la même quantité de farine tamisée que l'on a mélangée au beurre.

Remettez sur le feu doux.

Remuez doucement et sans interruption avec une cuillère en bois ou un fouet. Le roux doit bien rester de couleur blanche.

Cuisson : 4 à 5 mn environ.

Versez peu à peu la bière sur le roux blanc sans cesser de remuer.

Salez/ poivrez puis ajoutez 50 g de sucre et la cannelle.

Portez le tout à ébullition tout en mélangeant au fouet.

Maintenez une légère ébullition et laissez cuire une vingtaine de minutes.

Pendant ce temps-là, fouettez la crème fraîche avec les jaunes d'oeufs, 50 g de sucre, 2 pincées de noix de muscade.

Salez, poivrez et ajoutez ce mélange à la préparation.

Prolongez la cuisson de 2 à 3 minutes, le temps d'épaissir la soupe.

Attention, elle ne doit surtout pour bouillir.

Servez cette soupe bien chaude avec des croûtons.

CUISINE & FANTASY

Garbure aux marrons

24 marrons
2 branches de céleri blanc
Pain de campagne en tranches fines
Fromage râpé
Sel, poivre

Coupez un peu de la peau des marrons et jetez-les dans de l'eau bouillante.
Laissez cuire quelques minutes.
Les deux peaux doivent s'enlever facilement.
Lorsque tout est épluché, coupez-les en deux.
Mettez-les dans une casserole avec sel et poivre et 2 branches de céleri.
Mouillez avec du bouillon 2 fois leur hauteur.
Assaisonnez et laissez cuire lentement.
Mettez dans une soupière allant au four, un lit de tranches de pain de campagne coupé bien mince.
Par-dessus celui-ci, une couche de marrons bien cuits et continuez en alternant pain et marrons.

Remplissez avec le bouillon et mettez à gratiner au four avec un peu de fromage râpé.

CUISINE & FANTASY

Cretonnée aux fèves

2 escalopes de poulet fermier
250 gr de fèves nouvelles
Beurre
½ litre de lait entier
50 gr de pain sec
1 cuillère à café de gingembre
1 pointe de safran
6 jaunes d'œufs battus

Faites bouillir les escalopes de poulet fermier dans de l'eau salée, puis les découper en petits morceaux.
Faites bouillir les fèves écossées dans l'eau du poulet, jusqu'à ce qu'elles se défassent.
Égouttez-les.
Faites fondre du beurre dans une casserole, rajoutez les fèves et faites-les revenir 2mn.

CLAIRE PANIER-ALIX

Faites bouillir ½ litre de lait de vache entier et le pain sec.

Mélanger le lait avec le gingembre et le safran en poudre.

Rajoutez les fèves et le poulet, et faites bouillir.

Dès les premiers bouillons, sortez du feu et rajoutez les jaunes d'œufs battus.

Le mélange doit être épais.

CUISINE & FANTASY

PASTÉS ET FRIANDS

Fricateaux

2 foies de porc.
100g de viande de porc haché.
2 jaunes d'œufs.
croutes de fromage râpé.
1 cuillère à soupe de marjolaine.
1 cuillère à soupe de persil, des raisins secs.
Beurre.
1 cuillère d'aneth.
1 pincée de gingembre.
1 pointe de safran.
1 pincée de coriandre moulu.
1 pincées d'herbes de Provence.

Faites bouillir une vingtaine de secondes les foies et hâchez-les finement. Mélangez-y la viande hachée, les jaunes d'œufs, le fromage râpé, marjolaine, persil et raisins secs, de façon homogène et en faire des boulettes.

Rissolez-les boulettes dans du beurre. Laissez refroidir quelques instants.

Préparez un mélange d'herbes et d'épices contenant aneth, gingembre, safran, coriandre moulue herbes de Provence.

Mettez-en une pincée à l'intérieur de chaque boulette ouverte avec précaution.

Faites à nouveau cuire les boulettes (sur le grill de préférence) quelques instants.

CUISINE & FANTASY

Pasté aux champignons

Pour la pâte :

180g de farine.
100g de beurre.
12cl d'eau froide.
1 cuillère à café de sel.
1 jaune d'œuf pour dorer.

Pour la farce :

250g de champignons
3cl d'huile d'olive
50g de Cantal rapé
½ cuiller à café de sel fin.

CLAIRE PANIER-ALIX

2 ou 3 pincées d'épices :

25g de sucre

1g de maniguette

1 clou de girofle

10g de gingembre

20g de cannelle en poudre.

Mélangez dans une jatte, pendant moins d'une minute, le beurre froid coupé en morceaux et la farine.

Ajoutez l'eau et le sel.

Laissez reposer la boule de pâte pendant une heure à l'abri et au frais sous un linge.

Étalez finement la pâte, découpez-la en une dizaine de disques d'une dizaine de centimètres.

Déposez de la farce* au centre de chaque disque, rabattez les bords et collez-les au jaune d'œuf ou à l'eau.

Badigeonnez avec le jaune d'œuf, cuisez environ 20mn dans un four préchauffé à 190°

(*)Pour la farce :

Blanchissez les champignons de Paris après les avoir lavés et pelés.

Pour les blanchir, passez-les trois minutes dans de l'eau bouillante salée, puis sous l'eau froide et égouttez-les.

Mélangez les champignons avec le sel, le fromage râpé, l'huile d'olive et deux pincées d'épices.

CLAIRE PANIER-ALIX

Talmouses au fromage

Pour 8 talmouses :

Pâte brisée :
200 g de farine
100 g de beurre
20 cl d'eau
50 g de beurre
1 pincée de sel
70 g de farine
75 g de parmesan
2 gros œufs + 1 jaune pour dorer.

Préparer la pâte brisée à l'avance et la réserver au frais.
Coupez le parmesan en dés.
Mettez dans une casserole l'eau, le beurre et le sel.
Faites bouillir en remuant.
Retirez du feu et ajoutez la farine. Mélangez bien.

Remuez avec une cuillère en bois de façon qu'il se dessèche et ne colle pas aux parois de la casserole.

Hors du feu, cassez un œuf et incorporez-le à la pâte en tournant vigoureusement avec la cuillère en bois jusqu'à ce que le mélange soit lisse.

Ajoutez le 2ème et procédez comme précédemment.

Incorporez la moitié du fromage.

Foncez les moules à tartelettes d'une abaisse de pâte brisée d'un diamètre supérieur aux moules.

Garnissez-les avec une noix de l'appareil précédent.

Parsemez le dessus de petits morceaux de parmesan.

Repliez les bords en forme de corne ou de museau allongé.

Dorez au jaune d'œuf.

Faites cuire au four 15 à 20 minutes, à 200°, en surveillant.

CLAIRE PANIER-ALIX

Terrine à la Gauvain

(pour 12 personnes - soit une terrine de 2 kg) :

500 gr de gorge de porc ou de chair à saucisses

600 gr de foies de volailles

300 gr de veau

20 gr de gros sel

6 gr de poivre long

4 gr de maniguette

1 cuillerée à café de gingembre en poudre

1 cuillerée à café de cannelle en poudre

1 clou de girofle

2 oeufs

3 tranches de pain de mie complet trempées au lait

1 verre de muscat

2 oignons

Saindoux ou beurre

1 gousse d'ail

CUISINE & FANTASY

Broyez le poivre long, la maniguette, le sel, la cannelle, le gingembre et le clou de girofle au moulin.

Préchauffez le four à 100°C (thermostat 3-4).

Coupez la viande en cubes, mettez-la dans une jatte avec le muscat et les épices broyées.

Ajoutez les oignons haché, la gousse d'ail écrasée, le pain trempé pressé et les deux œufs.

Mélangez bien le tout, passez au hachoir à grille moyenne.

Remplissez une terrine à couvercle, et mettez-la au four pendant 4 h à chaleur tournante.

30 minutes avant la fin, montez la chaleur du four à 200°C (thermostat 6-7) en retirant le couvercle pour griller la surface de la terrine.

Jetez le jus de cuisson et mettez à la presse avec un poids conséquent.

Attendez que la terrine soit froide pour la mettre au réfrigérateur jusqu'au lendemain.

Le lendemain, préparez la gelée comme indiqué sur l'emballage ou bien faites fondre 250 g de saindoux.

Couvrez la terrine de la gelée ou du saindoux, laissez figer ou refroidir puis remettez au réfrigérateur au moins trois heures avant de servir.

CLAIRE PANIER-ALIX

Accompagnez cette terrine avec une sauce dite "Queue de Sanglier" (vin rouge, bouillon de bœuf, pain brûlé, cannelle, gingembre, muscade, girofle), des galettes d'épeautre au persil et tout un assortiment de charcuteries diverses et surtout, surtout, un très bon pain de campagne au levain.

CUISINE & FANTASY

Pastillus de poulet

8 à 10 personnes

300g de pâte brisée

1 poulet

350g de filet de porc

sel

poivre

½ cuillerée à café de poudre fine

1 pointe de safran

1 œuf battu dans 100g de crème pour rendre plus onctueux (facultatif)

Pâte brisée :

200g de farine

100g de beurre ou de saindoux

2 cuillerées à soupe d'eau

½ cuillerée à café de sel

Faites fondre dans une casserole le beurre ou le saindoux jusqu'à ce qu'il soit liquide. Salez. Hors du feu, ajoutez l'eau.

Dans une terrine, mettez la farine, versez d'un coup le beurre fondu, mélangez vivement.

Farinez une planche. Étendez la pâte ; si elle est trop collante, ajoutez un peu de farine.

Au milieu de la pâte, disposez les morceaux de poulet désossés le plus possible en alternant avec le filet de porc coupé en dés. Versez le mélange œuf-crème. Salez, poivrez, poudrez de safran et de poudre fine.

Relevez les bords de la pâte, pour y enfermer complètement la viande. Bien coller les bords à l'eau. Sur le dessus faites une cheminée avec du papier aluminium.

Mettez sur une tôle à four moyen.

Quand la pâte est sèche, dorez-la à l'œuf. Continuez la cuisson. Il faut compter 1 heure ½ au moins.

Si la pâte dore trop, protégez-la avec une feuille d'aluminium.

CUISINE & FANTASY

Pâté de lapin à la Irène

800 g Lapin désossé

400 g Poitrine de porc

3 Échalotes

4 branches de thym

3 feuilles de laurier

1/2 bouquet de persil plat

75 cl de vin blanc sec

5 cl de cognac

60 g de noisettes

1 crépine de porc

3 clous de girofle

Sel et poivre

Commencez la préparation de votre terrine de lapin en coupant la poitrine de porc et le lapin (sauf les râbles) en gros dés et mettez le tout dans un saladier avec le thym, le laurier, le persil plat, les échalotes pelées et ciselées.

Salez et poivrez.

Versez le vin blanc et le cognac.

Laissez mariner 24 h au frais.

Égouttez les viandes. Hachez le tout (sauf les râbles et le laurier).

Mélangez la viande hachée avec les noisettes.

Préchauffez le four à 140 °C (th. 4/5).

Tapissez une terrine avec la crépine rincée et égouttée en la faisant dépasser.

Posez les feuilles de laurier dans le fond.

Disposez une couche de farce, puis les râbles coupés en morceaux.

Couvrez de la farce restante.

Piquez les clous de girofle sur la farce.

Rabattez la crépine et couvrez avec du papier cuisson.

Enfournez pendant 1 h 30 environ, au bain-marie.

Retirez le papier et les clous de girofle.

Laissez refroidir et placez 48 h au frais.

CUISINE & FANTASY

VOLAILLE

CLAIRE PANIER-ALIX

CUISINE & FANTASY

L'ambroisine de poulet

1 poulet en morceaux
1 tranche lard (frais et épaisse)
2 oignons
50 cl bouillon (de poule ou bœuf)
1 verre lait d'amande
1 verre vin blanc
1 cuillère à soupe de verjus (ou jus de citron)
1 cuillère à café de cannelle
2 clous de girofle
Noix de muscade
7 pruneaux
7 dattes
Sel
2 tranches pain (de campagne)

CLAIRE PANIER-ALIX

Faites fondre dans une cocotte le lard coupé en languettes, et faites dorer les morceaux de poulet puis les oignons coupés.

Versez les ¾ du bouillon, le lait d'amande, le vin blanc, le verjus ou le jus de citron puis les épices et le sel.

Laisserz cuire environ 45 minutes

Faites tremper le pain grillé dans le reste du bouillon, écraser le bien pour que le mélange soit homogène.

Quand le poulet est cuit, ajoutez le pain trempé, les pruneaux et les dattes dénoyautés et laissez épaissir la sauce quelques minutes.

CUISINE & FANTASY

Le poulet au citron

1 kg poulet
150 g lardons
2 oignons
2 citrons
1 cuillère à café de gingembre
1 cuillère à café muscade
2 clous de girofle (broyé)
50 g amandes (en poudre)
50 cl bouillon de volaille
Huile d'olive
Sel
Poivre long ou noir

Dans une cocotte, faire revenir dans l'huile les oignons émincés et les lardons.

Réservez, et remettez éventuellement de l'huile pour faire revenir le poulet jusqu'à belle coloration.

Pendant ce temps, préparez votre bouillon.

Délayez la poudre d'amande et remuez pendant une dizaine de minutes.

Passez cette préparation au chinois ou dans une étamine. Pressez afin de récupérer un maximum de lait d'amande.

Une fois votre poulet bien coloré, ajoutez les oignons et lardons réservés, le bouillon de volaille au lait d'amandes, le gingembre, la muscade, les clous de girofles broyés, le poivre et le sel.

Cuire à couvert pendant 45 minutes.

Ajoutez le jus des citrons avec ses zestes. (Certains préfèrent même mettre les morceaux de citron en entier)

Continuez la cuisson à couvert pendant 10 minutes.

Les amandes effilées grillées ajoutent un petit côté croustillant.

Une semoule convient parfaitement en accompagnement.

CUISINE & FANTASY

Poulet à l'eau de rose et aux épices

6 cuisses ou suprêmes de poulet fermier

50 g de ciboule finement ciselée

3 cuillères à soupe de cassonade

15 cl de vinaigre blanc

50 grammes d'amandes en poudre

1/2 cuillère à café de gingembre en poudre

2 cuillères à café de cannelle moulue

5 cuillères à soupe d'eau de rose

2 cuillères à soupe d'huile d'olive

Poivre à volonté

Faites dorer le poulet dans l'huile.

Ajoutez poivre et ciboule, couvrez d'eau et laissez mijoter 1/2 heure.

Faites un mélange de sucre, vinaigre, amandes, épices et eau de rose.

Incorporez le tout au poulet et laissez cuire encore 1/2 heure.

Servir avec des carottes (blanches de préférence), panais et navets boule d'or.

CLAIRE PANIER-ALIX

cominée de poulaille

1 poule à bouillir
50 g de beurre
un court-bouillon fait de :
eau salée
1 verre de vin blanc sec
1 oignon piqué de 2 clous de girofle
2 carottes
1 navet
1 poireau
1 branche de céleri

Pour la sauce :

100g de pain
1 bol du bouillon de cuisson de la poule
le jus d'un citron
1/2 verre de vin blanc

CUISINE & FANTASY

1/2 cuillerée à café de gingembre et de cumin en poudre mélangé

2 jaunes d'oeufs

Mettez la poule dans un pot-au-feu, couvrez avec le court-bouillon froid. Faites bouillir une heure au moins.

Sortez la volaille du bouillon.

Coupez en morceaux, égouttez-les sur du papier absorbant et faites-les dorer à la poêle, dans du beurre.

La sauce :

Dans une petite terrine, faites tremper 100g de pain rassis dans du bouillon de poule.

Broyez au mixer jusqu'à obtention d'une pâte.

Ajoutez 1/2 verre de vin blanc, délayez. Si le mélange est trop épais, ajoutez du bouillon de poule.

Mettez dans une casserole sur le feu, remuer.

Au moment de servir, battez les jaunes d'œufs avec le jus de citron et les épices. Versez dans la sauce. Donnez juste un tour de bouillon en remuant sans arrêt. Servez en saucière, ou versez sur les morceaux de poulet.

CUISINE & FANTASY

Poulet persillé aux épices

1 poulet avec son foie
4 bardes de lard maigre
50 g de beurre, saindoux ou huile
2 oignons coupés en fines lamelles
1 verre de vin blanc ou rouge
1 verre d'eau
1 tranche de pain grillée et broyée
Sel, poivre
Le jus d'1/2 citron
1/2 cuillerée à thé de cannelle en poudre
2 clous de girofle
Les graines de 4 gousses de cardamome
3 grosses cuillerées à soupe de persil haché

Coupez le poulet en morceaux. Réservez le foie.
Dans une cocotte, faites fondre les bardes de lard dans un peu de matière grasse : beurre, saindoux ou huile.
Ajoutez les oignons, puis les morceaux de poulet.

Faites bien dorer.

Mouillez du verre de vin blanc ou rouge, coupé d'eau.

Saler, poivrer, ajouter girofle et cardamome.

Faites cuire doucement, cocotte couverte.

Dans un bol, broyez au mixer le pain grillé et le foie du poulet.

Délayez avec le jus de citron.

Ajoutez les épices : gingembre et cannelle. Si le mélange est trop épais, délayer encore avec du jus de citron ou un peu de vin.

Versez dans la cocotte, mélangez bien avec le jus de cuisson, en remuant tout le temps. Il ne faut pas que la sauce attache.

Dressez sur un plat.

Couvrir littéralement de persil frais haché.

CUISINE & FANTASY

Petits coquelets farcis

2 petits poulets de grain ou 2 coquelets
5 œufs durs
100 g de beurre
1 gros bouquet de persil
2 feuilles de sauge
1 cuillerée à café de poudre fine

Hachez les herbes bien nettoyées, lavées et séchées.
Dans un bol, mélangez au mixer les œufs durs, le beurre réduit en pommade, les épices et les herbes.
Partagez cette farce en deux parties égales pour en remplir les poulets de grain. Recousez l'orifice.
Embrochez les poulets et faites-les cuire à la rôtissoire pendant 45 minutes environ (suivant grosseur).

CLAIRE PANIER-ALIX

Pintade dodine de verjus

1 volaille : poulet, dinde, pintade, oie, canard, etc...
3 oeufs durs, (les jaunes seulement)
50 g de beurre
6 foies de volaille
2 cuillerées à soupe de vinaigre de vin
Le jus d'un citron
1/2 cuillerée à café de gingembre
1 grosse cuillerée à soupe de persil haché
1 tranche de pain de mie par convive
Sel

Faites rôtir votre volaille[1] à la broche.

---

[1] Pour l'oie ou le canard, ne pas oublier de jeter la première graisse rendue par l'oiseau en début de cuisson, la sauce sera plus digeste.

CUISINE & FANTASY

Mettez 2 cuillerées à soupe de vinaigre de vin dans la lèchefrite où tombe le jus de cuisson de la volaille.

Faites cuire les œufs durs, réservez les jaunes.

Faites légèrement revenir les foies de volaille dans du beurre chaud. Ils doivent cuire doucement 5 minutes au moins et rester rosés à l'intérieur.

Broyez ensemble, au mixer, les jaunes d'œufs durs et les foies.

Délayez ce mélange avec le jus d'un citron, salez, ajoutez le gingembre.

Si la pâte est trop épaisse, délayez d'un peu de jus de rôti.

Ajoutez le persil haché et mélangez bien.

Faites griller les tranches de pain de mie.

Coupez-les en deux par la diagonale.

Tartinez chaque croûton avec un peu de mélange : œufs, foies, persil.

Placez-les autour du plat de service.

Découpez la volaille, disposez les morceaux au centre du plat et verser dessus le reste de la sauce.

Magrets de canard à l'hypocras

2 magrets de canard
2 cuillères à soupe de confit d'hypocras
3 cuillères à soupe de vinaigre balsamique
1/4 l de bouillon de volaille
sel, poivre, thym

Sauce :

Mettez le confit d'hypocras et le vinaigre dans une casserole, à feu doux, pour faire un caramel.
Mouillez avec le bouillon de volaille.

Assaisonnez.
Laissez réduire tout doucement.

Magrets :

CUISINE & FANTASY

Mettez les magrets dans une poêle chaude, sans aucune matière grasse, côté peau.

Faites cuire, à feu moyen, 10 mn.

Retirez toute la graisse.

Retournez les magrets et laissez cuire 5 mn (la viande doit rester rosée à l'intérieur.

Réservez les magrets dans une assiette et couvrez-les d'une feuille d'aluminium (cela permet aux magrets d'être plus tendres).

Découper en biais les magrets en tranches d'1 cm. Dressez-les sur un plat et nappez-les de sauce.

CLAIRE PANIER-ALIX

Chapon dodu en croûte

1 poulet à rôtir
4 bardes de lard

Pour la pâte :

125 g de farine
3 oeufs
50 g de sucre
1 pincée de sel
2.5 dl d'eau de roses

Préparez, bardez le poulet, et faites le cuire à la broche.
Faites une pâte légère et fluide en mélangeant tous les éléments indiqués ci-dessus.
Quand le poulet sera aux 3/4 cuit, baissez le feu, retirez les bardes.
Arrosez avec des cuillerées de cette pâte pour qu'il soit bien enrobé. Tournez la broche.

CUISINE & FANTASY

Recommencez l'opération 2 ou 3 fois.

Présentez le poulet dans sa pâte dorée, le jus de cuisson étant servi à part en saucière, après déglaçage si nécessaire.

CLAIRE PANIER-ALIX

CUISINE & FANTASY

VIANDE ROSE, ROUGE ET VENAISON

CLAIRE PANIER-ALIX

CUISINE & FANTASY

Pot-au-feu de cuisses de canard, genièvre de Houlle et chicorée

4 cuisses de canard du Sud-Ouest crues

400 g de navets

2 poireaux

3 rutabagas

1 céleri-rave

400 de panais

8 topinambours

10 cl d'alcool de genièvre de Houlle

10 cl de vin blanc

15 cl de chicorée liquide

3 feuilles de laurier

2 oignons

1 gousse d'ail

2 branches de thym

3 queues de persil

50 g de beurre

3 clous de girofle

CLAIRE PANIER-ALIX

5 baies de genièvre
1 cuillerée à café de gros sel
5 g de poivre blanc

Quadrillez la peau des cuisses de canard.

Déposez les cuisses, côté peau, dans une poêle bien chaude, enlevez l'excédent de graisse.

Arrosez généreusement la viande avec l'alcool de genièvre, et faites flamber.

Mettez les cuisses de canard dans une cocotte, puis ajoutez la garniture aromatique (thym, laurier, oignons épluchés et coupés en deux, clous de girofle, gousse d'ail entière avec la peau, gros sel, poivre blanc concassé, queue de persil et baie de genièvre).

Ajoutez le vin blanc, puis couvrez d'eau froide jusqu'à hauteur.

Portez le tout à ébullition, puis faites cuire ce bouillon de canard pendant 2 heures, à découvert, à feu moyen.

Au bout de 1 heure 20, ajoutez les légumes (navets, poireaux, céleri-rave, rutabaga, panais, topinambours) préalablement épluchés et taillés en gros morceaux.

Terminez la cuisson à bouillon frémissant, puis laissez reposer les légumes dans le bouillon.

Sortez les cuisses de canard du bouillon, puis égouttez-les sur du papier absorbant.

Faites réduire le bouillon avec la chicorée liquide, jusqu'à ce que la sauce nappe la cuillère.

Ajoutez le beurre et montez le tout avec un petit fouet, avant de glacer le canard avec cette sauce.

CLAIRE PANIER-ALIX

Agneau aux abricots secs

1 kg d'agneau (épaule) coupés en dés
1 oignon finement émincé
200 g d'abricots secs trempés 1 heure dans l'eau chaude
50 grammes d'amandes en poudre
2 cuillères à soupe d'huile de sésame
1/2 cuillère à café de gingembre, de cannelle et de curcuma en poudre
1 cuillère à café de cumin moulu
Poivre, sel, eau de rose

Faites dorer la viande dans l'huile, puis incorporez épices, sel et poivre. Laissez cuire 5 minutes.

Ajoutez l'oignon, l'eau des abricots, recouvrez la viande et portez à ébullition.

Baissez le feu et laissez mijoter une heure.

Ajoutez l'amande et les abricots et continuez la cuisson jusqu'à ce que les fruits se décomposent.

CUISINE & FANTASY

Aspergez d'eau de rose en servant.

Accompagnez par exemple de lentilles au cumin.

CLAIRE PANIER-ALIX

Sauté d'agneau au macis

1 kg d'épaule d'agneau désossée

2 carottes moyennes

4 échalotes

50 cl de vin blanc sec mais pas acide (un Chenin fera l'affaire)

1 cuillère à café bombée de macis

2 clous de girofle

2 baies de genièvre

Bouquet garni

Poivre

Sel

Huile et/ou beurre

2 cuillères à soupe de fond de veau dilué

Faites revenir l'agneau découpé en dés de 40/50 gr dans un peu de matière grasse.

Ajoutez et faites dorer les échalotes coupées en 4, mouillez avec le vin blanc et portez à ébullition douce.

CUISINE & FANTASY

Ajoutez les carottes coupées en rondelles et incorporez épices et bouquet garni.

Réduisez le feu, mélangez le fond dilué, le sel et le poivre.

Laisser cuire à semi-couvert pendant une bonne heure.

Rectifiez si besoin l'assaisonnement.

Accompagnez de fèves.

CLAIRE PANIER-ALIX

Sauté d'agnelet aux pois chiches

1 oignon

1 kg de petits pois ou pois chiches

320 g de gigot d'agneau coupé en morceaux

1 cuillerée d'huile d'olive

1 boîte de purée de tomate

2 feuilles de laurier

Sel. Poivre

Pelez et émincez l'oignon.

Lavez et équeuter les haricots s'ils sont frais.

Dans un faitout, faites revenir les morceaux d'agneau avec l'huile et l'oignon émincé pendant 2 à 3 minutes.

Ajoutez les pois. Laissez cuire 5 minutes en prenant soin de mélanger les différents ingrédients.

Ajoutez la purée de tomate, le laurier, sel et poivre.

Couvrez et laissez mijoter 30 minutes environ, à feu doux.

Cuisine & Fantasy

Mouton au miel et amandes

1 épaule de mouton de 1.5 kg

150 g de miel liquide

100 g de poudre d'amande

1 cuillerée à soupe de gingembre râpé

1 bâton de cannelle broyé

1 dizaine de petits oignons

3 cuillerées à soupe d'huile

Sel

Poivre

Coupez l'épaule en morceaux, faites revenir dans l'huile très chaude.

Faites dorer les petits oignons.

Placez la viande et les oignons dans un plat allant au four.

Versez le miel liquide sur les morceaux de viande ; salez, poivrez, saupoudrez de gingembre ; ajoutez une pointe de safran.

Couvriz d'eau, ajoutez le bâton de cannelle et la poudre d'amandes.

CLAIRE PANIER-ALIX

Recouvrez le plat d'une feuille d'aluminium percée au centre pour permettre l'évaporation du liquide.

Faites cuire au four moyen 2 h environ.

CUISINE & FANTASY

Gigot d'agneau en croûte

1 gigot désossé
Pâte feuilletée
1 bouquet d'herbes fraîches de chaque - persil, menthe et coriandre
1 cuillerée à thé de graines de coriandre en poudre
1 cuillerée à thé de cumin en poudre
Moelle de bœuf
Sel
Poivre frais moulu

Hachez les herbes et en farcissez l'intérieur du gigot, salez.
Roulez et ficelez le gigot comme un rôti
Faites dorer la viande sous toutes ses faces dans une cocotte avec de l'huile ou beurre, puis laissez cuire à feu doux bien couvert (40-50 minutes en tout).
 Laisser refroidir.

20 minutes avant de servir, placez le gigot sur la pâte feuilletée, le tapisser du même mélange d'aromates.

Refermez la pâte et scellez-la bien. Ménagez deux cheminées (évaporation) et enfournez à four chaud thermostat 7 pendant 20-25 minutes.

CUISINE & FANTASY

Cochon de lait farci

1 petit cochon de lait vidé (gardez les abats)
1 belle échine de porc
450 g de jambon blanc
Une cinquantaine de châtaignes
25 œufs
300 g de parmesan
1 cuillerée à café de gingembre en poudre
Safran en filaments
Sel

Faites cuire à feu doux et dans de l'eau salée l'échine et les abats du porcelet (foie, cœur, rate, rognons, mou) pendant environ 1 heure à partir de l'ébullition.
Enlevez le foie au bout de 20 minutes.
Faire cuire à l'eau les châtaignes, et dans une autre casserole, faire cuire 20 œufs (durs).

Écalez les œufs et pelez les châtaignes.

Nettoyez le cochon avec un torchon propre pour enlever les quelques soies qui restent collées à la peau.

Salez généreusement l'intérieur et laissez reposer le temps de préparer la farce.

Lorsque l'échine et les abats sont cuits, égouttez-les soigneusement et réduisez-les en pâté.

Hachez de même le jambon et incorporez au mélange précédent.

Écrasez les jaunes d'œufs avec les châtaignes.

Ajoutez-les à la farce de viande. Râpez le fromage et incorporer-le de même.

Si la farce est trop dure, ramollissez-la en lui ajoutant quelques jaunes d'œufs crus.

Salez généreusement et ajoutez une bonne cuillerée à soupe de gingembre en poudre et 3 bonnes pincées de filaments de safran.

Goûtez la farce et rectifiez l'assaisonnement en ajoutant du sel ou du gingembre en poudre.

Pour mieux apprécier son goût, faites revenir une petite boulette de farce dans une poêle.

Épongez l'intérieur du cochon et salez de nouveau si nécessaire. Recousez l'ouverture du ventre sur les deux.

Bourrez la farce par le trou laissé libre et, lorsque le cochon est bien plein, finissez de le coudre sans laisser la moindre ouverture.

Posez le cochon en position droite, les pieds repliés sous le corps, dans un plat à four.

Enveloppez ses oreilles avec du papier aluminium pour éviter qu'elles ne brûlent.

Faites cuire pendant environ 2h30 à 3 heures à four moyen (200 degrés) et surveillez sa coloration. Lorsqu'il est bien doré, il est cuit.

Servez avec la sauce "poivre jaunet" si c'est l'hiver, et avec une cameline si c'est l'été.

CLAIRE PANIER-ALIX

Jambon au miel et épices

1 jambon à l'os

Clous de giroffle

Branches de romarin

Miel

Moutarde

500 gr de pruneaux

500 gr de châtaignes

Cannelle

Gingembre

Muscade

Maniguette

Sel, poivre

50 gr de sucre roux

250 cl de vin rouge

La veille, faites cuire le jambon à l'eau dans une cocotte en fonte.

Une fois cuit et égoutté, découennez-le et incisez le gras en forme de losanges.

Piquez-le de clous de girofle et de branches de romarin.

Mélangez du miel avec de la moutarde et un peu d'eau pour faire une pommade et badigeonnez-en le jambon.

Déposez-le ensuite dans un plat au four pendant 20mn à feu doux.

Pendant ce temps, faites cuire des pruneaux coupés en morceaux et des châtaignes dans du vin rouge, avec cannelle, gingembre, muscade, maniquette, sel, sucre de canne.

Lorsque le mélange a bien réduit, passez au moulin et rectifier les épices.

La sauce doit être onctueuse.

Versez-la sur le jambon cuit, servez.

CLAIRE PANIER-ALIX

Frigousse aux cinq viandes

100 g d'huile d'olive

700 g de viandes en cubes (sanglier, porc, bœuf, veau, chevreuil)

300 g de bacon ou lardons en petits cubes

2 gros oignons hachés

400 g de champignons

200 g de marrons épluchés

Sel, Poivre, huile d'olive

3 verres de bon vin rouge

1 tasse de bouillon de bœuf

2 cuillerées à soupe de vinaigre de vin

1 cuillerée à café de thym

1 cuillerée à café de romarin

Quelques feuilles de laurier

1/4 cuillerée à thé de cannelle

1/4 cuillerée à soupe de clous de girofle moulues

Les graines de 4 gousses de cardamone

CUISINE & FANTASY

Dans une cocotte, faites revenir l'oignon et le bacon/lardon dans l'huile d'olive.

Ajoutez les viandes et faites revenir sans les brunir.

Ajoutez les liquides, les marrons, les champignons et les épices.

Laissez mijoter doucement 3 h et réchauffez le lendemain.

CLAIRE PANIER-ALIX

Rôtis de sanglier à la venaisoise

1 rôti de sanglier de 1kg à 1,3kg
100 g de lard maigre
2 cuillerées à soupe de beurre
4 oignons
1 verre de vin rouge
1 tranche de pain de mie
½ cuillerée à thé de muscade en poudre
½ cuillerée à thé de cannelle en poudre
1 branchette de thym émietté
1 pincée de cumin
1 pincée de poivre de Cayenne
Les graines de 6 gousses de cardamone
Sel

Piquez la pièce de sanglier de lardons.
Faites revenir les oignons dans une cocotte beurrée.
Délayez les épices et le thym dans le vin rouge.

CUISINE & FANTASY

Faites dorer le rôti.

Quand le rôti est bien doré, baissez le feu. Ajoutez le vin aux épices, en ayant pris soin de le faire chauffer presque à ébullition (le vin froid ajouté au rôti le durcit).

Mettez le couvercle et laissez mijoter pendant 3/4 d'heure à 1 heure.

10 minutes avant de servir, faites tremper la mie de pain dans le jus de rôti.

Broyez bien et mélangez à la sauce pour l'épaissir.

Servir avec des navets cuits à part à l'étouffée.

CLAIRE PANIER-ALIX

Bourbelier de sanglier

1kg de rôti de sanglier (ou porc ou chevreuil)
4 clous de girofle
50 g de beurre

Marinade :

1 litre de vin rouge

Le jus d'un citron

2 cuillères à soupe de vinaigre de vin

12 grains de poivre

6 grains de coriandre

Les graines de 6 gousses de cardamone

1/2 cuillerée à café de cannelle en poudre

1 cuillerée à café de gingembre

2 clous de girofle

1 pointe de poivre de Cayenne

CUISINE & FANTASY

Faites mariner le rôti de sanglier, depuis la veille, dans la marinade.

Retirez, essuyez et le faites rôtir après l'avoir piqué des 4 clous de girofle : soit à la broche, soit dans une cocotte avec du beurre.

Quand il est à mi-cuisson, mettez la marinade dans une cocotte et faites bouillir, puis versez, chaude, sur le rôti (soit dans la cocotte où il est déjà en train de cuire, soit après l'avoir ôté de la broche et placé dans une autre cocotte).

Faites cuire le tout ensemble en laissant bouillotter doucement.

CUISINE & FANTASY

TOURTES

CLAIRE PANIER-ALIX

CUISINE & FANTASY

Tourte à l'ortie

Pâte brisée :

200 g de farine,
100 g de beurre,
Sel
54 gr d'épices fines
16 g de poivre,
16 gr de cannelle,
16 gr de gingembre,
4 gr safran,
2 gr de clou de girofle

Appareil :

200 g de feuilles d'orties[2],
1 petit bouquet de cerfeuil,

---

[2] Dans la recette originale du "Ménagier de Paris" il est fait usage d'épinards et de blettes.

1 petit bouquet de persil,
1 petit bouquet d'aneth ou les efflorescences d'un fenouil bulbeux,
200g d'épinards,
250 g de Saint-Florentin ou de carré frais Gervais,
150 g de tomme fraîche
2 œufs,
1 cuillère à café d'épices fines,
1 cuillère à café de gingembre en poudre,
80 g de fromage ou de parmesan fraîchement râpé,
Sel.

Préparez la pâte brisée à l'avance et réservez-la au frais.
Lavez les herbes, essorez soigneusement et hachez très finement.
Écrasez le Saint-florentin, râpez la tomme fraîche et mélangez aux herbes.
Ajoutez les œufs battus, le gingembre et les épices fines.
Salez.
Faites une abaisse de pâte et foncez un moule à tarte. Versez l'appareil.
Parsemez de fromage râpé et faites cuire à four chaud (250 degrés) pendant 1 heure.

CUISINE & FANTASY

Tourte à la volaille, porc et fromage

Pâte brisée pour pâté en croûte :

1kg de farine

300g de beurre

2 œufs

14 g de sel, eau.

Appareil :

400 g de blanc de poulet

400 g de porc

500 g de lard frais (ou gorge)

100 g de gruyère râpé

3 oeufs

1 cuillère à café de gingembre

1/4 de cuillère à café de poivre

1/8 cuillère à café de clou de girofle

20 g de persil

10 g de menthe

10 g de marjolaine fraîche

15 g de sel.

Faites la pâte brisée.

Hachez fin le porc et le lard. Hachez moyen le poulet ou en petits cubes.

Mélangez le lard haché avec les épices, puis avec les herbes, les œufs, le sel, puis avec le fromage.

Ajoutez le porc haché et le poulet. Bien mélanger.

Étalez la pâte (1/2 cm) et foncez les moules à pâté croûte.

Ajoutez la farce.

Tassez un peu et fermez le pâté en croûte. Collez les bords et faites 2 ou 3 cheminées sur le dessus.

Faites cuire environ 1 h ainsi : 20 mn à four chaud, 30 ou 40 mn à four moyen selon taille des moules.

Laissez encore 5 mn à four éteint.

Laissez refroidir et démoulez.

Coupez en tranches juste avant de servir.

CUISINE & FANTASY

Tourte à l'ail, au fromage, aux raisins et aux épices

Pâte brisée : (500 g de pâte brisée)

500 g de farine
1 œuf
180 g de beurre
10 g de sel
Eau

Appareil :

600 g de fromage frais
200 g d'ail épluché
200 g de lard
100 g de raisins secs
3 œufs
Safran
1 café de gingembre
1 café de cannelle
1/2 café de muscade

1/4 café de clou de girofle
1/8 café de poivre.

Faites la pâte brisée.
Cuisez l'ail épluché à l'eau bouillante 10 mn à 1/4h et trempez-la dans l'eau froide.
Mixez l'ail égoutté et continuez en ajoutant le fromage et les épices.
Mélangez avec le lard en dés, puis les œufs, les raisins.
Foncez un moule avec une partie de la pâte, versez l'appareil et couvrez avec le restant de la pâte (souder les bords).
Cuisez à four chaud (230 °C) environ 1h

CUISINE & FANTASY

Tourte aux herbes

200 gr de pâte brisée

2 gros oignons

100 gr de crème fraîche

100 gr de gruyère râpé

6 œufs

1 petite branche de céleri haché fin

1/2 cuillère à café de ciboulette

1/2 cuillère à café d'estragon

1 cuillère à café de gingembre moulu

1 bouquet de persil

2 feuilles de sauge

3 feuilles de basilic

Mélangez le gruyère râpé et la crème fraîche, ajouter les œufs entiers battus et le mélange d'herbes préalablement haché menu.

Abaissez la pâte brisée et garnissez un moule à tarte.

Piquez le fond avec une fourchette pour éviter les bulles (il est conseillé de précuire un peu la pâte avant).

Versez le mélange sur le fond de tarte et dorez à four chaud (25 à 30 min).

On peut varier cette recette en remplaçant les herbes par des champignons, émincés et étuvés au beurre.

… CUISINE & FANTASY

Tourte façon bouclier

200 g de pâte brisée

400 à 500 g de restes de viandes hachées : poulet, veau, porc, bœuf ou jambon

75 g de raisins secs gonflés à l'eau chaude

50 g de pignons de pin ou d'amandes effilées

1 c à c de sucre en poudre

2 œufs battus en omelette

1 c à s de crème fraiche

Sel, poivre

Mélangez tous les ingrédients et versez-les sur la pâte desséchée et blanchie au four chaud.

Faites cuire au four chaud pendant 20 mn (jusqu'à obtention d'une croute dorée).

On peut aussi réaliser cette recette avec de la viande crue hachée et revenue dans du beurre pendant 15 mn avant de la mélanger aux autres ingrédients.

POISSONS ET FRUITS DE RIVIERE *ou* DE MER

CLAIRE PANIER-ALIX

Lotte à l'escabèche, façon Irène

1 de queue de lotte de 2,5 kg
4 carottes
3 poireaux
1/2 boule de céleri
2 oignons
20 cl d'huile d'olive
1 1/2 litre(s) de vin blanc
15 graines de coriandre
4 gousse d'ail
3 branche(s) de persil plat
4 pincée(s) de sel
4 tours de moulin à poivre
Tomates pelées
1 feuille de laurier

Faites nettoyer la queue de lotte en enlevant la peau et l'arête centrale par le poissonnier.

Taillez les filets en tranches et réservez au frais[3].

Taillez les légumes en julienne ou râpez-les avec une grosse râpe si vous n'avez pas le temps.

Pelez et émincez les oignons, faites-les suer à l'huile dans une casserole 5mn puis ajoutez les juliennes de légumes et les tomates.

Mélangez bien et faites cuire 5mn à couvert en remuant de temps en temps puis mouillez au vin blanc et ajoutez le laurier.

Ajoutez la coriandre et le persil hachés, les gousses d'ail entières et cuire 15mn à couvert et à feu doux.

Poêlez la lotte dans l'huile d'olive 3 à 4mn de chaque côté, salez, poivrez.

Versez la julienne dans 1 plat à four et disposez le poisson dessus, arrosez d'huile d'olive et de vinaigre.

Enfournez 8 à 10mn à 180° (Th. 6), décorez de feuilles de persil avant de servir.

---

[3] On peut aussi la couper en gros cubes moelleux

CUISINE & FANTASY

Grave d'écrevisses

6 belles écrevisses,
50gr d'amandes,
50gr de pain, 1 litre d'eau,
6gr de gingembre
3gr de cannelle,
3gr de graines de paradis
5 clous de girofle
10cl de vinaigre
Huile d'olive

Enlevez le boyau des écrevisses, ôtez les têtes pour les broyer dans un mortier.
Délayez avec un demi-litre d'eau.
Faites cuire le mélange dans une casserole en ajoutant régulièrement de l'eau pour obtenir un court bouillon.

Passez au chinois.

Faites-le bouillir, ajoutez les écrevisses et laissez cuire dix minutes à l'étouffée à feu doux.

Ôtez du feu et réservez.

Broyez les amandes, le pain, et ajoutez le reste de court bouillon.

Passez au chinois.

Ajoutez les épices écrasés.

Ajoutez le vinaigre et laissez cuire 5mn, à petit bouillon.

Dans une casserole, faites dorer les écrevisses dans un fond d'huile, ajoutez la sauce.

Laisser quelques instants pour que l'ensemble soit chaud.

CUISINE & FANTASY

Civet d'huîtres

24 huîtres
Huile d'olive
Pain en tranches
½ litre de vin doux (Sauternes)
5gr de gingembre en poudre
5gr de cannelle en poudre
20 graines de paradis
Une pointe de safran
5 clous de girofle

Ébouillantez rapidement le contenu des 24 huîtres, puis égouttez-les et faites-les revenir dans l'huile d'olive.

Trempez du pain légèrement grillé dans un demi-litre de vin doux. Coulez et mélangez aux épices soigneusement broyés et délayés dans du vinaigre vieux.

Faites frire un demi oignon émincé, et mélangez convenablement avec les huîtres, le vin et les épices.

Salez et faites bouillir jusqu'à obtention d'un mélange assez épais.

Le civet étant assez liquide, on peut le servir dans un bol, plutôt que sur le tranchoir.

Civet d'huîtres (varitante de Rion)[4]

3 douzaines d'huîtres

150g de pois cassés

1 l d'eau

1dl de vin blanc sec

1 cuillère à café de vinaigre de vin

3 cuilleres à soupe d'huile d'olive

3 oignons

3 gr de maniguette

2 clous de girofle

40g de gingembre frais

2gr de poivre.

Curez les pois cassés dans un litre d'eau jusqu'à ce qu'ils commencent à se défaire, salez.

---

[4] MA, d'après un recueil médiéval de Rion

Filtrez dans un linge pour ne garder que l'eau de cuisson, faites bouillir après avoir ajouté du vin.

Émincez les oignons, faites les frire dans l'huile sans qu'ils se colorent et versez-les dans le bouillon.

Réserver l'huile de friture.

Et reprendre la recette précédente.

CUISINE & FANTASY

Morue en aillée

1 kg de morue salée et séchée,
150 g de mie de pain blanc,
1 litre de lait d'amandes,
Une tête d'ail,
4 gros oignons,
Un peu d'huile d'olive

Faites tremper la morue dans de l'eau froide pendant une nuit.
Le lendemain, préparez le lait d'amandes avec 120 g d'amandes et 1 litre d'eau.
Émiettez la mie de pain, mettez à tremper dans le lait d'amandes.
Épluchez et faites frire les oignons dans un peu d'huile. Broyez l'ail.
Faites cuire la morue pendant ½ heure, puis égouttez-la, enlevez les arêtes et émiettez-la. Si la morue vous semble encore trop salée, remettez-la à bouillir dans de l'eau claire pendant ¼ d'heure.

Mélangez la morue et les oignons, puis rajoutez l'ail, et enfin le pain et le lait d'amandes.

Laissez bouillir 30 minutes.

CUISINE & FANTASY

Bar au sarrasin

4 filets de bar avec peau (de 150 g chacun)
2 cuillères à soupe d'huile d'olive
2 pincées de fleur de sel de Guérande

Jus fumé :

1 arête et 1 tête de bar
25 g de céleri branche
1 blanc de poireau
40 g de beurre doux
1 citron
25 cl d'eau
1/2 verre de vin blanc
3 gousses d'ail
2 oignons
100 g de jambon fumé
1 cuil. à soupe de persil plat

Sel

Poivre

Réservez un fumet : mettre à tremper l'arête et la tête du poisson dans l'eau froide pendant 30 minutes afin d'éliminer les parties sanguinolentes.

Lavez et brossez la peau du citron, en prélevez 3 zestes.

Épluchez, lavez et taillez en morceaux le céleri et le poireau, faites-le suer dans 20 g de beurre.

Au bout de 10 minutes, ajoutez l'arête et la tête de bar, faites colorer, déposez les zestes de citron.

Mouillez avec l'eau et le vin blanc.

Laissez cuire à petits frémissements 10 à 15 minutes.

Passez au travers d'une passoire fine.

Épluchez et ciseler l'ail et les oignons.

Taillez le jambon en cubes.

Lavez, effeuillez et hachez le persil.

Dans une casserole, faites suer dans 20 g de beurre, l'ail et les oignons, et ajoutez le jambon et le persil.

Versez le fumet, faites réduire 10 à 15 minutes.

Mixez, assaisonnez et filtrez.

Dans une poêle, faites chauffer l'huile d'olive, faites-y colorer les filets de bar (côté peau en premier).

Assaisonnez.

Faites cuire 4 à 5 minutes (selon l'épaisseur des filets).

Dressez les filets sur assiettes chaudes parsemés de fleurs de sel, accompagnés des gâtelets de sarrasin et d'un cordon de jus fumé.

Anguilles au vert

1 kg d'anguilles

50 g de beurre

50 cl de vin blanc

100 g d'oseille

2 c. à s. de persil

1 c. à s. d'estragon

1 c. à s. de cerfeuil

1 c. à s. de sauge

Thym, sarriette

3 jaunes d'œufs

1 citron

Tronçonnez 1 kg d'anguille en morceaux de 4 cm.
Épluchez l'oseille.
Hachez grossièrement le persil, le cerfeuil, l'estragon.
Ajoutez sarriette, sauge, thym vert.

Mêlez 50 g de beurre.

Faites fondre doucement en casserole.

Ajoutez les tronçons d'anguille pour les faire raidir.

Salez et poivrez.

Mouillez d'1/2 l de vin blanc sec.

Portez à ébullition.

Faites cuire 15 minutes à feu doux.

Mélangez 3 jaunes d'œufs et le jus du citron.

Hors du feu, versez sur l'anguille en mélangeant bien.

Servir chaud.

Les anguilles au vert peuvent aussi se manger froides.

Pâté sec de truite

Pour la pâte :

400g de farine
200g de beurre
Sel et eau.

Pour les poissons :

4 truites
Sel fin
1 cuillère de gingembre en poudre
2 clous de girofle
Un peu de noix de muscade râpée

Préparez pâte brisée, laissez reposer quelques heures dans un endroit frais. Videz et lavez les truites, séchez-les avec un linge.

Découpez de fins filets, saupoudrez-les de sel et d'épices, généreusement.
Habiller-les de pâte, en forme de poissons, en pratiquant deux trous pour que la vapeur puisse s'échapper.
Faites cuire au four th 225° jusqu'à ce que la pâte soit dorée, servir chaud.

CLAIRE PANIER-ALIX

Epimbêche de rougets

16 filets de rougets
Huile d'olive
¼ de litre de verjus
20gr de poudre cameline
2 branches de persil

Faites bouillir quelques instants les filets de rougets.
Placez-les dans un plat allant au four, ajoutez-y un filet d'huile d'olive, et faites-les rôtir.
Dans une casserole, faites bouillir un quart de litre de verjus (à défaut, du vin blanc mélangé au jus d'un citron vert).
Ajoutez la poudre cameline et le persil finement émincé.
Quand les rougets sont cuits, disposez-les sur un plat avec quelques branches de persil frais et servez la sauce par-dessus.

CUISINE & FANTASY

Lotte aux raisins

700 g de raisin

2 oignons

1 kg de lotte parée

40 g de beurre

1 cuillère à soupe d'huile

1 cuillère à soupe de vinaigre de vin

1 cuillère à soupe de miel

1 cuillère à soupe de poivre vert

Sel, poivre

Faites dorer la lotte en cocotte, mouillez-la avec 2 verres d'eau.
Salez, poivrez.
Couvrez et laissez cuire 20 minutes à feu doux.
Pendant ce temps, lavez délicatement les grains de raisin.
Faires-les revenir dans un beurre chaud.
Épluchez les oignons sous l'eau (pour ne pas piquer les yeux).
Émincez et faites dorer en cocotte dans un peu d'huile.

Mettez-les de côté pour après.

Retirez la lotte, coupez-la en tronçons.

Salez un peu, poivrez.

Réservez-la.

Ajoutez le vinaigre et le miel dans la cocotte.

Portez à ébullition.

Remettez la lotte, les grains de raisin, les oignons, le poivre vert.

Laissez étuver 5 à 7 minutes.

Lotte à la Irène

1,5 kg de lotte coupée en médaillons
125 g d'olives violettes
6 filets d'anchois à l'huile d'olive
1 échalote
30 cl de fumet de poisson
100 g de beurre très froid
Boîte de tomates épluchées
Sel et poivre du moulin.

Portez le fumet de poisson à ébullition dans une casserole.
Plongez-y les médaillons de lotte et laissez-les pocher pendant 5 mn, hors du feu.
Égouttez-les.
Réservez le fumet.
Pelez et émincez l'échalote.
Faites-la revenir dans une sauteuse avec 20 g de beurre.

Ajoutez les médaillons de lotte ainsi que les olives violettes, les tomates et les filets d'anchois égouttés.

Arrosez la sauteuse avec 2 bonnes louches de fumet de poisson réservé.

Salez très légèrement et poivrez.

Laissez cuire pendant 15 mn environ (plus ou moins selon la grosseur des médaillons).

Retirez la lotte, les anchois et les olives de la sauteuse. Mettez-les dans un plat creux.

Couvrez et réservez au chaud.

Faites réduire le fumet à feu vif.

Incorporez le beurre restant bien froid, tout en fouettant pendant quelques minutes.

Nappez en le poisson.

Servez la lotte accompagnée de pommes de terre cuites à l'eau

CUISINE & FANTASY

Marinade de saumon au gingembre et à l'orange

1 filet de saumon frais de 500 g
1 bulbe de gingembre frais
2 oranges
10 cl d'huile d'olive
Sel, poivre

Faites enlever les arêtes du saumon par votre poissonnier.
Pelez, taillez en julienne le bulbe de gingembre.
Zestez les 2 oranges.
Laissez mariner dans l'huile d'olive le gingembre et le zeste d'orange pendant 2 heures.
Ajoutez le jus d'une demi orange.
Escalopez en fines tranches le saumon.
Pour cette opération délicate, retirez les dernières arrêtes avec une pince à épiler.
Conservez le filet de poisson 1 heure au congélateur.
Arrosez le poisson avec la sauce marinade.
Rectifiez l'assaisonnement.

CLAIRE PANIER-ALIX

Placez au réfrigérateur 1 heure.

Servir frais.

Chaudumé de saumon

6 parts de saumon
2 tranches de pain de campagne
¼ litre d'eau[5]
15 cl de vin blanc
10 cl de verjus ou le jus d'un citron
1 cuillerée à café de gingembre
50 g de beurre
Safran
Sel

Faites griller le pain, puis mettez-le à tremper dans l'eau ou dans le bouillon de pois.
Quand il est bien ramolli, passez-le à travers une passoire, en ajoutant un peu d'eau si nécessaire.

---

[5] Si vous en avez, utilisez l'eau de cuisson de pois cassés

Ajoutez le vin blanc et le verjus ou le jus de citron et portez à ébullition en mélangeant bien.

Ajoutez ensuite le safran et le gingembre, salez.

Huilez et salez le poisson, et mettez-le à griller.

Pendant ce temps, ajoutez le beurre à la sauce en remuant bien.

Sur un plat de service, posez votre poisson, et versez la sauce par-dessus.

CUISINE & FANTASY

Coques à la crème

4 l de coques
50 g de beurre
1 branche de thym
100 g d'oignon
50 cl de cidre brut
150 g de crème fraîche
6 brins de ciboulette
Poivre

Rincez les coques sous l'eau courante.
Faites-les tremper, égouttez-les.
Dans une sauteuse, sur feu doux, mettez le beurre, le thym, les oignons très finement hachés.
Couvrez, laissez étuver environ 10 minutes.
Mouillez avec le cidre.
A feu à vif, laissez arriver à petite ébullition.

Introduisez les coques.

Remuez, couvrez à nouveau 10 minutes.

Ôtez le couvercle, remuez.

Retirez les coquillages dès qu'ils s'entrouvrent.

Gardez au chaud.

Passez au chinois le jus de cuisson dans une casserole.

Faites réduire de moitié.

Ajoutez la crème.

Laissez à nouveau réduire pour obtenir une consistance nappante.

Dès que la sauce est réduite, rectifiez l'assaisonnement en sel et poivre.

Ajoutez un peu de ciboulette ciselée.

Présentez sur assiettes individuelles.

Nappez les coques de sauce.

CUISINE & FANTASY

Saint-Jacques au calva

16 coquilles Saint-Jacques
18 cl de crème fraîche
50 g de farine
70 g de beurre
15 ml de Calvados
Sel, poivre

Ouvrez les coquilles Saint-Jacques.
Détachez les noix de Saint-Jacques et leur corail.
Passez-les à l'eau claire.
Séchez-les sur une feuille de papier absorbant.
Saupoudrez de farine chaque Saint-Jacques.
Faites fondre le beurre dans une cocotte.
Déposez-y les Saint-Jacques, faites-les revenir à feu doux pendant 3 à 4 minutes.
Ajoutez la crème fraîche et le Calvados.

Salez et poivrez.

Mélangez.

Faites cuire à feu doux, pendant 15-20 minutes, en remuant fréquemment.

Préchauffez 4 ramequins dans le four.

Versez la préparation dans les ramequins. Servez.

CUISINE & FANTASY

Saint-Jacques au cidre

16 coquilles Saint-Jacques
2 échalotes de Jersey
60 g de beurre
150 g de crème fraîche
25 cl de cidre brut de Normandie
1 c. à s. de farine
ciboulette
1 citron
Sel, poivre

Décortiquez, rincez les coquilles Saint-Jacques sous un filet d'eau.
Séchez-les sur une feuille de papier absorbant.
Pelez, hachez finement les échalotes.
Disposez une noix de beurre dans une cocotte.
Faites revenir les échalotes hachées pendant 2-3 minutes.
Dorez les Saint-Jacques. Ajoutez le cidre.
Salez, poivrez.

Faites cuire à feu doux pendant 5 minutes.

Retirez et réservez les Saint-Jacques.

Filtrez le jus de cuisson.

Versez le jus dans une casserole.

Faites réduire le jus de moitié.

Ajoutez la crème fraîche et 1 cuillère à soupe de farine.

Sur feu doux, délayez au fouet jusqu'à obtention d'une sauce onctueuse.

Ajoutez un trait de jus de citron.

Disposez les noix de Saint-Jacques sur assiettes préalablement chauffées.

Nappez avec la sauce au cidre.

Parsemez de ciboulette finement ciselée.

Crabes farcis

4 tourteaux de mer

100 g de lard

7 cl de lait

75 g de mie de pain rassis

5 c. à s. de chapelure

2 gros oignons

30 g de beurre

10 cl d'huile

3 citrons

1 bouquet garni

½ piment

4 gousses d'ail

Brossez, lavez les crabes.
Ébouillantez les tourteaux pendant 20 minutes.
Ôtez les pattes, les pinces.
Séparez en deux.

Citronnez, vider les carapaces.

Nettoyez et réservez.

Faites tremper la mie de pain dans le lait.

Cassez pattes, pinces et corps pour extraire la chair.

Faites revenir dans un peu d'huile les lardons et les oignons émincés.

Ajoutez la chair des crabes, l'ail pilé, le bouquet garni, le jus d'un citron et le demi piment.

Laissez mijoter 5 minutes en remuant.

Hors du feu, ôter le piment.

Broyez le tout.

Ajoutez la mie de pain trempée et le beurre.

Faites chauffer 3 minutes en remuant.

Remplissez les carapaces de cette farce.

Saupoudrez de chapelure.

Disposez une noisette de beurre.

Mettez au four préchauffé à 180 °C. durant 10 minutes.

CUISINE & FANTASY

LEGUMES

Pour accompagner les mets
Mais surtout parce que les héros aussi peuvent avoir une prise
de conscience et devenir végétariens

CLAIRE PANIER-ALIX

CUISINE & FANTASY

Navets aux châtaignes

1 kg de navets blancs
Feuilles de sauge séchées
1 verre de vin blanc sec
1 pots de châtaignes épluchées

Épluchez et couper les navets en morceaux.
Faites bouillir de l'eau avec du gros sel et y jeter les navets afin de les faire blanchir 5 minutes.
Égouttez les navets puis mettez-les à cuire en cocotte avec un verre de vin blanc, un verre d'eau, 6 feuilles de sauge séchées et les châtaignes.
Couvrez et faites cuire doucement 30 à 40 minutes en remuant de temps à autre.
Ajouter de l'eau si nécessaire afin que cela n'attache pas.

CLAIRE PANIER-ALIX

Cretonnée de pois et de fèves

1 kg de petit pois ou de fèves
2 tasses et demie de lait
2 tranches de pain grillé
1 pincée de safran ou/et 2 jaunes d'œuf
Beurre

Faites cuire les petit-pois, mettez du beurre puis réduisez-les en purée.
Pendant ce temps, faites chauffer le lait afin d'y délayer le pain grillé.
Ajoutez le safran et/ou les jaunes d'œuf.
Assaisonnez puis incorporez à la purée de pois avant de servir.

CUISINE & FANTASY

Crosnes à la crème

1 kg de panais
20 cl de lait
50 g de cantal
50 g de beurre
Noix de muscade
Sel

Pelez les panais, lavez-les et coupez-les en cubes.
Faites-les cuire à la vapeur 20 min environ, jusqu'à ce qu'ils soient tendres (vérifiez avec la lame d'un couteau).
Faites chauffer le lait dans une casserole.
Passez les panais au moulin à légumes.
Versez le lait chaud par-dessus en battant bien et enfin assaisonnez avec le sel et la noix de muscade râpée.
Incorporez le cantal et le beurre et continuez à battre.

CLAIRE PANIER-ALIX

Tourtière de légumes et d'herbes

1 laitue

12 carottes

12 navets

100 g de fèves

100 g de céleri en branche

Beurre

1 pincée de sucre en poudre

Sel, poivre

1 échalote

Persil et estragon

30 g de petits pois

10 feuilles d'oseille

Faites blanchir les feuilles de salade.
Faites cuire les légumes dans une eau salée. Égoutter-les.
Faites revenir les légumes dans une sauteuse avec du beurre.
Saler, poivrez et sucrez.

Dans une casserole, faites suer l'échalote dans le beurre, ajoutez le persil, l'estragon, les petits pois frais et, au dernier moment, l'oseille. Réservez.

Beurrer les moules ; tapissez chaque moule avec les feuilles de salade en les faisant dépasser du moule.

Mélangez les légumes et les herbes, vérifiez l'assaisonnement puis répartissez dans les moules ; couvrez le centre d'une feuille de salade, rabattez les feuilles de dessus.

Mettez au four à 140°C (th. 4-5) 10 minutes.

CLAIRE PANIER-ALIX

Purée de fèves

500 g de fèves mondées
500 g de pommes
3 oignons
Huile d'olive
Sel

Mettez les fèves dans un fait-tout et recouvrez-les d'eau froide. Portez à ébullition.
Égouttez, remettez les fèves dans la casserole et recouvrez d'eau fraîche, salez et faites cuire jusqu'à ce que les fèves s'écrasent sous les doigts.
Égouttez et passez au moulin à légumes pour obtenir une belle purée onctueuse.
Par ailleurs, épluchez et émincez les oignons.
Épluchez et coupez les pommes en quartiers.

CUISINE & FANTASY

Faites chauffer l'huile d'olive dans une poêle et faites revenir les oignons à feu doux.

Lorsqu'ils sont transparents, ajoutez les pommes, puis la sauge et laissez cuire à feu doux pendant environ une demi-heure.

Au moment de servir, faites réchauffer la purée de fèves.

Mettez, dans un plat, la purée de fèves et la purée pommes/oignons

CLAIRE PANIER-ALIX

Bol sarrasin

Pour un bol :

40 gr de sarrasin

½ cuillère à café de pâte de miso

1 pincée de curcuma

1 cuillère à café d'huile de sésame

1 pincée de gingembre

¼ de cuillère à café de tamari

50 ml de lait de coco

1 pincée de poivre noir

1 poignée de pousses d'épinards

1 tasse de patate douce en cubes

1 tasse de carottes roties en rondelles

1 cuillère à soupe de noix toastées

1 cuillère à soupe de coriandre fraîche

1 cuillère à café de jus de citron vert

Faites cuire le sarrasin dans 2 fois son volume d'eau pendant 15 mn.

Rincez-le dans une passoire.

Mettez le curcuma, l'huile de sésame, le gingembre, le tamari, le lait de coco et le poivre noir dans une poêle, et remuez bien.

Faire cuire à couvert pendant 2 ou 3 mn.

Ajoutez le sarrasin et les pousses d'épinards et poursuivez la cuisson encore 2mn.

Placez dans un bol avec le miso, remuez.

Ajoutez la patate douce (cuite à la vapeur et coupée en dés) et les carottes.

Garnissez avec les noix, la coriandre, et le jus de citron vert.

CLAIRE PANIER-ALIX

CUISINE & FANTASY

DESSERTS

CLAIRE PANIER-ALIX

CUISINE & FANTASY

Tarte bourbonnaise sucrée

Pour la pâte brisée :

250 g de farine
1 œuf
Lait
Leurre

Pour la garniture :

3 œufs entiers
500 g de fromage blanc
60 g de cassonade
le jus d'une orange et son zeste haché menu
2 cuillères à soupe de crème fraîche

Réalisez la pâte à tarte en mélangeant dans l'ordre les ingrédients.

Dans un saladier, mélangez dans l'ordre les ingrédients de la garniture.

Foncez un moule à tarte préalablement beurré avec la pâte brisée, puis versez la garniture par-dessus.

Enfourner pour environ 45 minutes à 200°C ou thermostat 7.

CUISINE & FANTASY

Läkerlis

La pâte :

450g de miel (miel de sapin, si vous pouvez vous en procurer)
300g de Sucre
600g de farine
1 cc de bicarbonate de soude (levure chimique à défaut)
1dl de Kirsch (alcool de cerise)
100g de chaque : oranges et citrons confits hachés (orangeât et citronat)
300g d'amandes concassées
1 citron; seulement le zeste (utilisez le jus pour le glaçage)
30g de cannelle
10g de muscade
1 belle prise de poudre de cloux de girofle
1 prise de sel

Pour le glaçage :

150g de sucre en poudre

3 cs d'eau

Jus de citron ou kirsch.

Versez votre farine sur le plan de travail.
Faites un puits suffisamment grand pour contenir le miel et le sucre.
Saupoudrez la farine (le puits doit rester vide) avec les ingrédients suivants : l'orangeât et le citronat hachés, le zeste du citron, les épices, la pincée de sel, le bicarbonate de soude (la levure) et enfin le verre de kirsh.
Ajoutez ensuite la moitié des amandes sur le bord intérieur de la farine.
Faites chauffer doucement le miel et le sucre. Le mélange doit être très chaud mais il ne doit en aucun cas bouillir (donc pas au-delà de 90°).
Incorporez le reste des amandes et mélangez bien.
Versez cette préparation au centre du puits.
Incorporez petit à petit la farine et les autres ingrédients vers le centre du puits, idéalement avec une corne à pâtisserie
Malaxez suffisamment pour obtenir une pâte ferme et bien homogène.
Laissez la pâte reposer toute une nuit à température ambiante. Surtout pas au frigo, vous ne pourriez plus l'étaler.

Le lendemain, étalez votre pâte sur la plaque du four chemisée de papier sulfurisé. L'épaisseur varie entre ½ et 1 cm.

Lissez bien et enfournez pour 15/18 minutes à 180/200 degrés (T. 6/7).

Glaçage :

Préparez votre glaçage en faisant cuire l'eau, le sucre et les quelques gouttes de jus de citron ou de kirsch, si vous le souhaitez.

Badigeonnez au pinceau votre gâteau de Läkerli immédiatement à la sortie du four.

Gardez la main légère. Votre glaçage doit devenir blanc translucide en séchant. Coupez votre gâteau de Läkerli en carrés égaux.

CLAIRE PANIER-ALIX

Moelleux au miel

100 Gr de miel crémeux
2 Œufs
95 Gr de beurre à 20%
120 Gr de farine
1 Sachet de levure
1 Pincée de sel

Dans un saladier, mélangez le miel avec 2 jaunes d'œufs puis le beurre ramolli, la farine mélangé à la levure.
Battez les 2 blancs d'œufs avec une pincée de sel pour obtenir des blancs en neige fermes
Incorporer-les à la préparation
Mettez à cuire 25 min à 160° C dans des moules beurrés
Laissez refroidir et démoulez.

CUISINE & FANTASY

Gâteau à l'orientale

2 grosses oranges
6 oeufs
250 g d'amandes mondées
250 g de sucre en poudre
Levure chimique

Faites cuire les oranges (à préparer la veille ou quelques heures à l'avance) :
Lavez et brossez soigneusement les oranges
Mettez les oranges dans une casserole et couvrez-les d'eau froide.
Portez à ébullition et laissez frémir à couvert pendant 2 heures. Les oranges deviennent molles, la peau s'écrase lorsqu'on appuie dessus.
Égouttez et laissez refroidir.
Beurrez le moule et farinez-le.
Faites préchauffer le four à 180 °C.
Réduisez les amandes en poudre.
Coupez les oranges en gros morceaux et retirez les pépins si besoin.

Mixez-les pour obtenir une purée.

Ajoutez les œufs, la poudre d'amandes, le sucre et la levure dans le robot et mixer. On obtient une pâte homogène un peu liquide. Versez la pâte dans le moule.

Égalisez la surface.

Faites cuire environ 1 heure en protégeant le gâteau d'un papier d'aluminium au bout de 35 minutes.

Laissez refroidir dans le moule.

Démoulez. Décorez à volonté de sucre glace ou de cacao en poudre ou encore d'un glaçage léger au chocolat.

Massepain

8 œufs
300 g de sucre
250 g de farine
1 sachet de levure (11 g)
1 sachet de sucre vanillé
2 citrons non traités
1 pincée de sel

Préchauffez le four à 200°C (thermostat 6-7), le temps de la préparation.
Cassez les oeufs, séparez les blancs, monter-les en neige avec une pincée sel.
Dans un autre récipient, battez les jaunes avec le sucre, faites blanchir le mélange.
Incorporez le zeste des citrons, ainsi que le jus, le sucre vanille et la levure.
Mélangez le tout puis ajouter la farine.
Ajoutez les blancs délicatement.

Beurrez et farinez un moule à manquer ou un moule à cake, puis placez au four thermostat 6 (180°C) pendant 45 mn.

CUISINE & FANTASY

Gâteau moelleux au miel et aux amandes

250 g de beurre ramolli + un peu pour le moule

200 g de sucre roux

4 gros oeufs

150 g de farine complète

150 g d'amandes moulues (poudre d'amandes)

1 cuillère à café de levure chimique

50 g d'amandes effilées

4 cuillères à soupe de miel liquide

Préchauffez le four à 170 º C.

Beurrez un moule puis le chemiser avec du papier sulfurisé.

Battez le beurre avec le sucre jusqu'à obtenir une préparation moelleuse et crémeuse.

Ajoutez les œufs un par un, en incorporant 1 cuillerée de farine avec chaque œuf.

Incorporez les amandes moulues et ajoutez la farine préalablement tamisée avec la levure.

Transférez la pâte dans le moule et lissez la surface à l'aide d'une spatule.

Saupoudrez avec les amandes effilées.

Enfournez à 170 º C pendant 45 minutes.

Retirez le moule du four et badigeonnez uniformément le gâteau encore chaud avec le miel.

Laissez tiédir avant de démouler.

CUISINE & FANTASY

Gâteau aux pommes de ma grand-mère

6 pommes
100 g de farine
100 g de sucre
100 g de beurre fondu
3 œufs
1/2 sachet de levure chimique
Beurre pour le moule
1 pincée de sel

Préchauffez le four th.6 (180°C).
Pelez et coupez les pommes en dés.
Dans une jatte, battez les œufs entiers et le sucre.
Ajoutez le beurre fondu, la farine, la levure et le sel. Mélangez le tout avec une cuillère en bois jusqu'à l'obtention d'une pâte lisse et homogène.

Lorsque la pâte est prête, ajoutez les morceaux de pommes et mélangez-les à la pâte.

Beurrez un moule à gâteau ou à cake et déposez-y la préparation.

Enfournez pendant 30 min.

Laissez tiédir quelques instants et servez votre gâteau aux pommes moelleux seul ou accompagné d'un coulis de fruits rouges.

Scones irlandais

450 g de farine T55
1 sachet de levure chimique
60 g de sucre
1 grosse pincée de sel
150 g de beurre doux
2 oeufs
60 g de lait

Dans un saladier, mélangez la farine, la levure, le sucre et le sel.
Ajouterzle beurre coupé en petit morceaux, et mélangez jusqu'à obtenir un mélange sableux.
Dans un bol, mélangez le lait et les oeufs, puis ajoutez au mélange précédent.
Pétrissez jusqu'à obtention d'une pâte homogène.
Farinez le plan de travail et étalez la pâte (environ 2 cm d'épaisseur).
Préparez une plaque de cuisson avec papier cuisson, préchauffez le four à 180°.
Retournez la pâte, découpez des cercles à l'aide d'un emporte-pièce.

Retournez les disques et posez-les sur la plaque.

Cuisson : 15 mn.

Dégustez en les coupant en deux pour les farcir de confiture, miel etc..

ANNEXES

CLAIRE PANIER-ALIX

CUISINE & FANTASY

BOISSONS

CUISINE & FANTASY

Hypocras

1 Litre de bon vin rouge ou blanc

250 grammes de sucre ou miel

10 grammes de cannelle en bâton

10 grammes de gingembre entier

4 clous de girofle

5 graines de cardamome

2 cuillères à soupe d'eau de rose

Broyez au pilon les épices.
Mettez-les dans un petit sachet en lin.
Faites tiédir le vin et ajoutez sucre (ou miel) et l'eau de rose.
Ajoutez le sachet d'épices dans le vin et laissez reposer toute la nuit.
Le lendemain, filtrez le vin après avoir retiré le sachet d'épices
Mettez-le en bouteille et consommez-le quelques jours après.

CLAIRE PANIER-ALIX

L'hypocras est la boisson la plus prestigieuse du Moyen-Âge. Elle était élaborée avec des épices à prix d'or venue d'Orient. Elle se consommait à l'apéritif et en digestif à la table des nobles.

C'est grâce à ses saveurs et à ses vertus tonifiantes (voire aphrodisiaques) que l'hypocras est la boisson par excellence.

L'hypocras étant considéré aussi comme une boisson médicinale, et pouvait être élaboré par les apothicaires.

L'Hypocras blanc se déguste frais et sans glace à l'apéritif ou avec le plat l'agneau au miel et aux amandes et l'hypocras rouge avec les plats cuisinés (Canard aux dattes et pruneaux, Cerf aux châtaignes) , les terrines médiévales (pastez de sanglier hypocras, chevreuil aux cassis) et en vin de dessert avec le taillis.

CUISINE & FANTASY

Hydromel

500gr de miel
0,3 l de moût de bière blonde non-houblonné
Eau
Levure M-05 « Mead » de Mangrove Jack's
Papier aluminium

Mettez dans une bonbonne le miel chauffé (sans dépasser 80°C) quelques minutes pour le liquéfier et tuer les éventuels micro-organismes (levures sauvages, bactéries).
Ajoutez le moût de bière blonde de densité initiale ~1.040, préalablement stérilisé en le faisant bouillir 5 minutes. Complétez avec de l'eau de source froide pour obtenir 2.5L de liquide (doucement pour éviter un choc thermique sur le verre). Une fois la bonbonne à 20°C, secouez à fond pendant plusieurs minutes pour oxygéner autant que possible (pour les levures).

Ajoutez les levures préalablement réhydratées 30 minutes dans de l'eau tiède.

 Couvrez la bonbonne de papier aluminium pour essayer de laisser autant d'oxygène que possible aux levures.

Laissez reposer ainsi 36h en secouant vigoureusement 2 ou 3 fois.

Laissez fermenter 39 jours après avoir placé un « barboteur » sur la bombonne. Il est bon de remuer un peu celle-ci de temps en temps pour remettre les levures en suspension.

L'hydromel est l'une des premières boissons alcoolisées mise au point par l'homme.

Il s'agit de miel fermenté dans de l'eau.

Les premières productions d'hydromel remontent à 7000 av. J.-C., en Chine. On a une recette écrite d'Aristote en 350 av. J.-C.

Chez les Vikings, on buvait de l'hydromel dans des cornes, pendant le festin des dieux.

CUISINE & FANTASY

Moretum

3 à 4 kg de mûres
1 litre de vin rouge (de préférence du St Pourcain, Sioule)
1 kg de miel

Dans un récipient, faites macérer les mûres dans du vin rouge pendant deux jours
Écrasez les fruits et les passer dans une étamine
Ajoutez le miel et mélanger.
Mettez le tout dans une casserole et portez à ébullition pendant 15 mn.
Écumez au fur et à mesure.
Laissez refroidir.
Filtrez à l'aide d'une étamine
Mettez en bouteille.

CLAIRE PANIER-ALIX

A base de vin rouge de ST POURCAIN/Sioule, ce breuvage connu depuis la nuit des temps, renferme les saveurs de la ronce, et du miel fermenté.

Ratafia de raisin

2,5 kg de raisin noir (Muscat)
1 l d'eau-de-vie à 45°
1 bâton de cannelle
3 clous de girofle
12 graines de coriandre
400 g de sucre

Lavez, séchez et égrappez le raisin.
Faites chauffer les grains dans un faitout sur feu doux, en les écrasant avec une écumoire.
Versez-les sur un tamis et pressez la pulpe à l'aide d'un pilon pour extraire le jus.
Laissez refroidir.
Versez le jus et l'eau-de-vie dans un bocal préalablement ébouillanté et séché.

Ajoutez le bâton de cannelle, les clous de girofle et les graines de coriandre.

Fermez le bocal et laissez macérer pendant 1 mois à l'abri de la lumière à température ambiante.

CUISINE & FANTASY

CEREALES

CLAIRE PANIER-ALIX

CUISINE & FANTASY

Boule de pain maison

500 g de farine à pain artisanale de campagne, tradition
20 g de levure de boulanger 1 pincée de sucre
250 à 300 ml d'eau environ selon la farine
1 cuillerée à café de sel

Délayez la levure dans 30 ml d'eau tiède (40° environ) légèrement sucrée. La levure en sachet doit se réhydrater dans l'eau 15 mn environ.

Dans une terrine, mélangez la farine, le reste de l'eau le sel avec 1 cuillère en bois, puis à la main pour obtenir une pâte ni trop molle ni trop ferme.

Rajoutez de l'eau au besoin par cuillerées (la quantité précise d'eau dépend de la farine).

Ajoutez la levure en dernier et continuez à mélanger jusqu'à ce que la pâte soit homogène et ne colle plus aux parois (rajoutez un peu de farine par pincées au besoin).

Attention : Pour une bonne levée, la levure mise à la fin (ou au début) ne doit en aucun cas être en contact direct avec le sel...

Travaillez ensuite le pâton sur un plan de travail pendant 15 mn en l'écrasant avec la paume de la main et en le repliant plusieurs fois jusqu'à ce que la pâte soit élastique.

Mettez la pâte en boule dans la terrine farinée et couvrez-la d'un torchon propre. Pour que la pâte lève vite (environ 1h), déposez la pâte dans un endroit tiède (par ex un four légèrement chauffé puis éteint) sinon c'est plus long (4 à 5 h).

Quand la pâte a doublé de volume, pétrissez-la à nouveau sans la déchirer pendant 1 à 2 mn. Donnez-lui la forme désirée et déposez-la sur une plaque.

Couvrez et laissez reposer 1h.

Préchauffez le four à 250°.

Faire 4 à 5 incisions au couteau bien aiguisé.

Saupoudrez de farine.

Enfournez et baissez à 230° en n'oubliant pas de mettre une coupelle d'eau dans la lèchefrite.

Cuire 30 mn environ et ne pas ouvrir la porte les 20 premières minutes.

Laissez refroidir sur une grille.

CUISINE & FANTASY

Gruau d'épautre

200 g d'épautre entier ou concassé
2 l de bouillon de poule
3 jaunes d'œufs
safran ou curcuma pour colorer
gingembre, cannelle, clou de girofle en poudre,
maniguette écrasée

Faites cuire l'épautre dans du bouillon de poule, en remuant fréquemment, et en ajoutant du bouillon au fur et à mesure.
Lorsque les grains d'épautre se défont et collent un peu, et que tout le liquide a été absorbé, éteignez le feu.
Sortez un peu d'épautre dans une assiette dans laquelle vous aurez battu trois jaunes d'œufs.
Ajoutez le safran et mélangez bien.
Versez le contenu de l'assiette dans votre casserole d'épautre et mélangez bien.
Ajoutez les épices à votre convenance.

CLAIRE PANIER-ALIX

Mélangez bien, et rectifiez l'assaisonnement.

CUISINE & FANTASY

Gruau d'orge fromenté

250 g d'orge perlé
3 œufs
beurre
safran
fromage râpé en option

Faites cuire l'orge perlé dans de l'eau bouillante salée.
Une fois cuit, égouttez puis ajoutez le beurre et les jaunes d'œufs ; attention à ne pas cuire les jaunes !
Parfumez avec du safran.
Vous pouvez remplacer les jaunes d'œufs par du fromage râpé.

CLAIRE PANIER-ALIX

Gâtelet de sarrasin

12 cl de lait entier
40 g de beurre demi-sel
40 g de flocons de sarrasin
1 œuf
Sel

Préchauffez le four à 170°C (th.6).

Dans une casserole, portez le lait à ébullition, ajoutez 30 g de beurre, salez.

Incorporez les flocons de sarrasin et laissez gonfler 15 minutes à couvert, hors du feu.

Séparez le jaune du blanc d'œuf, ajoutez le jaune au contenu de la casserole, mélangez.

Déposer le blanc et une pincée de sel dans un saladier.

Montez en neige et incorporez délicatement au contenu de la casserole.

Répartissez l'appareil à gâtelet dans des moules beurrés.

Enfournez 30 minutes environ.

CUISINE & FANTASY

Lembas elfique

6 cuillères à soupe de poudre de noisettes

6 cuillères à soupe de poudre d'amandes

6 cuillères à soupe de pignons de pin

6 cuillères à soupe de graines de tournesol non salées

2 cuillères à café de cardamone

100 g de mascarpone

300 gr de farine complète d'épeautre

2 branches de persil

2 cuillères à soupe d'origan

2 gousses d'ail hachées fin

2 œufs frais

2 cuillères à soupe de miel de châtaignier

1 orange

10 grandes feuilles de rhubarbe

Du raffia

Broyez pignons et tournesol.

Dans une jatte, mélangez mascarpone, farine et œufs.

Ajoutez le miel et le jus de l'orange.

Ajoutez les autres ingrédients, et malaxez la pâte à la main.

Formez une boule et mettez-la à reposer un bon quart d'heure au frais.

N'oubliez pas de dessiner une croix (diagonales du carré), cela aidera à couper à la main les portions après cuisson.

Préchauffez le four th.6.

Etalez la pâte sur une plaque couverte de papier sulfurisé, sur 1 gros cm d'épaisseur.

Découpez des carrés (côté : largeur de la main).

Mettez à cuire une demi-heure.

Lavez les feuilles de rhubarbe[6] et séchez-les au torchon.

Mettez chaque lemba sur une feuille et emballez-le. Murmurez quelques paroles elfiques en les saupoudrant de poudre magique. Ficelez avec le raffia

---

[6] Les Elfes de Tolkien utilisent des feuilles mallorne. Je n'en ai pas trouvé.

CUISINE & FANTASY

INDEX

CLAIRE PANIER-ALIX

abats, 103, 104

abricots, 94

agneau, 94, 96, 98, 101, 198

Agneau aux abricots secs, 94

ail, 31, 32, 38, 39, 40, 63, 91, 92, 121, 122, 129, 130, 137, 138, 139, 140, 161, 162

Alexandre Dumas, 18

amandes, 35, 36, 73, 74, 75, 94, 99, 125, 131, 132, 137, 138, 179, 180, 183, 184, 187, 188, 198

aneth, 55, 56, 118

anguilles, 142, 143

Anis vert, 26

apéritif, 25, 26, 198

Aristote, 200

baguette, 45, 46

bain-marie, 68

banquet, 17

bar, 139, 140, 141

Bar au sarrasin, 139

barde, 86

bardes de lard, 86

basilic, 123

béchamel, 47

beurre, 24, 37, 45, 47, 48, 51, 56, 57, 58, 60, 62, 65, 66, 76, 77, 79, 81, 82, 83, 91, 93, 96, 101, 110, 112, 113, 117, 119, 121, 124, 125, 139, 140, 142, 143, 144, 147, 149, 150, 153, 154, 155, 157, 159, 161, 162, 166, 167, 168, 169,

177, 182, 187, 189, 191, 211, 212

bicarbonate de soude, 26, 179, 180

bière, 14, 19, 47, 48, 199

Biscuits de la Joie de Sainte Hisdegarde, 24

blanchir, 59, 165, 168, 185

blancs d'œufs, 182

blancs en neige, 182

bœuf, 37, 64, 71, 101, 108, 125

boisson médicinale, 198

Bol sarrasin, 172

bouillon, 31, 32, 33, 37, 39, 46, 49, 50, 64, 71, 72, 73, 74, 76, 77, 78, 84, 92, 93, 108, 131, 132, 136, 153, 209

bouillon de légumes, 31, 33

Boule de pain maison, 207

boulette, 56, 104

boulettes, 55, 56

Bourbelier de sanglier, 112

Bram Stoker, 18

broche, 82, 86, 113

Brouet, 33, 35, 37

Brouet à la sarrasine, 35

BROUETS, 29

Byron, 18

cameline, 105, 146

canard, 82, 84, 91, 92, 93

cannelle, 24, 26, 43, 44, 47, 48, 58, 62, 63, 64, 71, 75, 79, 80, 94, 99, 107, 108, 110, 112, 117, 121, 131, 133, 179, 197, 203, 204, 209 cannibale, 19

Cantal, 57

cardamome, 79, 80, 197

cardamone, 108, 110, 112

carottes, 31, 32, 38, 75, 76, 96, 97, 129, 168, 172, 173

carré frais Gervais, 118

cassonade, 47, 75, 177

catastrophe humanitaire, 19

céleri, 31, 32, 49, 76, 91, 92, 123, 129, 139, 140, 168

celtisme, 16

Cerf, 198

cerfeuil, 117, 142

chair à saucisses, 62

champignon, 37

champignons, 37, 57, 59, 108, 109, 124

chapelure, 46, 161, 162

chapon, 86

châtaignes, 103, 104, 106, 107, 165, 198

chevreuil, 108, 112, 198

chicorée, 91, 93

chou vert, 38

christianisme, 16

ciboule, 75

ciboulette, 123, 155, 156, 160

cidre brut, 155, 159

citron, 71, 72, 74, 76, 78, 79, 80, 82, 83, 112, 139, 140, 142, 143, 146, 153, 154, 159, 160, 162, 172, 173, 179, 180, 181

citronat, 179, 180

citrons, 35, 73, 74, 161, 179, 185

Civet d'huîtres, 133

claude Levi-Strauss, 14

climatique, 19

clous de girofle, 67

cochon, 103, 104, 105

cochon de lait, 103

cognac, 67, 68

confit, 38, 84

confits, 179

confiture, 192

conte, 15, 17

Coppola, 18

coquelets, 81

coques, 155, 156

Coques à la crème, 155

coquillages, 156

coquilles Saint-Jacques, 157, 159

corail, 157

coriandre, 37, 39, 41, 42, 55, 56, 101, 112, 129, 130, 172, 173, 203, 204

courge, 43, 44

crabes, 161, 162

Crabes, 161

crème, 43, 47, 48, 65, 66, 123, 125, 155, 156, 157, 159, 160, 177

crépine, 67, 68

croûton, 83

croûtons, 32, 48

cumin, 37, 77, 94, 95, 101, 110

curcuma, 94, 172, 173, 209

curry, 41

dattes, 35, 71, 72, 198

déglaçage, 87

dessert, 198

dévorer, 14, 15

digestif, 198

dinde, 82

dorer, 24, 40, 46, 57, 60, 72, 75, 77, 80, 94, 96, 99, 101, 111, 132, 147

eau de rose, 75, 94, 95, 197

eau-de-vie, 203

ébullition, 43, 48, 92, 94, 96, 103, 111, 143, 148, 149, 154, 155, 170, 183, 201, 212

échalote, 149, 168, 169

échalotes, 67, 96, 159

échine, 103, 104

écologique, 19

écrevisses, 131, 132

emporte-pièce,, 24

épaule d'agneau, 96

épeautre, 24, 31, 32, 64, 209

épices, 24, 26, 36, 39, 56, 58, 59, 63, 72, 75, 78, 79, 80, 81, 94, 97, 107, 109, 110, 111, 117, 118, 120, 121, 122, 132, 133, 145, 180, 197, 198, 209

épinards, 37, 117, 118, 172, 173

escalope, 51

estragon, 123, 142, 168, 169

fantastique, 13, 19

Fantastique, 17

fantasy, 13, 14, 16, 17

Fantasy, 15, 17, 19, 20

farce, 57, 58, 59, 68, 81, 104, 105, 120, 162

farci, 20, 35

farine, 23, 24, 26, 47, 48, 57, 58, 60, 65, 66, 86, 117, 119, 121, 144, 157, 159, 160, 177, 179, 180, 182, 185, 187, 188, 189, 191, 207, 208

farine complète, 25, 187

farine d'épeautre, 24

fenouil bulbeux, 118

feu, 17

feuille d'aluminium, 85, 100

feuille d'aluminium, 66

fèves, 51, 52, 97, 166, 168, 170, 171

fêves, 38

filet de porc, 66

filet de saumon, 151

filets de rougets, 146

filtres, 17

fleurs de sel, 141

foie, 35, 36, 55, 79, 80, 103

foies de volaille, 82, 83

fond de veau, 96

four, 27, 39, 46, 49, 50, 58, 61, 63, 66, 68, 99, 100, 102, 105, 107, 118, 120, 122, 124, 125, 130, 145, 146, 158, 162, 169, 181, 183, 185, 186, 187, 188, 189, 191, 208, 212

Fricateaux, 55

fromage, 46, 50, 55, 59, 60, 61, 104, 118, 119, 120, 121, 122, 177, 211

Fromage râpé, 49

fumet de poisson, 149, 150

Garbure aux marrons, 49

gâteau, 181, 184, 188, 190

Gâteau aux pommes de ma grand-mère, 189

Gâteau moelleux au miel, 187

Gâtelet de sarrasin, 212

gelée, 63

genièvre, 91, 92, 96

Gibier, 19

gigot, 98, 101, 102

Gilbert Durand, 14

gingembre, 45, 46, 51, 52, 55, 56, 58, 62, 63, 64, 73, 74, 75, 77, 80, 82, 83, 94, 99, 103, 104, 107, 112, 117, 118, 119, 121, 123, 131, 133, 135, 144, 151, 153, 154, 172, 173, 197, 209

girofle, 24, 45, 46, 58, 62, 63, 64, 67, 68, 71, 73, 76, 79, 80, 91, 92, 96, 107, 108, 112, 113, 117, 119, 122, 131, 135, 144, 179, 197, 203, 204, 209

glaçage, 179, 181, 184

gousses, 39

Graal, 16

graines de paradis, 131, 133

graisse, 38, 85, 92

graisse d'oie, 38

gratiner, 46, 50

grill, 46, 56

Gruau d'épautre, 209

gruyère, 45, 119, 123

H.G.Wells, 19

haricots blancs, 38

herbes, 14, 55, 56, 81, 101, 118, 120, 123, 124, 169

herbes de Provence, 55, 56

huile d'olive, 75, 108, 129, 130, 139, 141, 151

Huile d'olive, 73, 131, 133, 146, 170
huile d'olive, 24, 31, 32, 33, 39, 40, 41, 57, 59, 98, 108, 109, 133, 135, 137, 146, 149, 171
huile de sésame, 94, 172, 173
huîtres, 133, 135
hypocras, 25, 26, 84, 198
Hypocras, 198
Jack London, 13
jambon, 103, 104, 106, 107, 125, 139, 140
jaune d'œuf, 58
jaunes d'oeufs, 48, 77, 211
Jean-Claude Dunyach, 18
julienne, 38, 130, 151
jus de cuisson, 63, 80, 83, 87, 156, 160

Jus fumé, 139
kirsch, 180, 181
Kirsch, 179
lait, 41, 51, 52, 62, 71, 72, 74, 103, 137, 138, 161, 162, 166, 167, 172, 173, 191, 212
lait d'amande, 71, 72, 74
lait de coco, 41, 172, 173
lait de vache, 52
Läkerli, 181
Läkerlis, 179
lapin, 20, 67
Lapin, 67
lard, 31, 32, 35, 36, 71, 72, 79, 86, 110, 119, 120, 121, 122, 161
lardons, 73, 74, 108, 110, 162

laurier, 67, 68, 91, 92, 98, 108, 129, 130

légendaire, 13

légende arthurienne, 16

légume, 20

légumes, 20, 32, 92, 93, 130, 167, 168, 169, 170

légumes en julienne, 130

Lembas, 213

Lembas elfique, 213

lentilles, 41, 42, 95

levain, 64

levure, 185

levure chimique, 26, 179, 187, 189

levure de boulanger, 207

Levure M-05, 199

Lewis Caroll, 13

lotte, 129, 130, 147, 148, 149, 150

Lotte à la Irène, 149

Louis Stevenson, 13

macis, 96

magrets, 84, 85

Magrets, 84

Magrets de canard à l'hypocras, 84

manger, 18

maniguette, 58, 62, 63, 107, 135, 209

marjolaine, 55, 120

marrons, 49, 108, 109

Maupassant, 18

médaillons de lotte, 149

méloukia, 39

menthe, 101, 120

merveilleux, 13, 14, 19

miel, 23, 24, 26, 43, 44, 99, 106, 107, 147, 148, 179, 180, 182, 187, 188, 192, 197, 198, 199, 200, 201, 202

miel de sapin, 179

mijoter, 34, 37, 42, 75, 94, 98, 109, 111, 162

miso, 172, 173

Mistembecs, 23

Moelle de bœuf, 101

molokheya, 39

Moretum, 201

morue, 137, 138

moût de bière, 199

moutarde, 107

mouton, 99

Mouton au miel et amandes, 99

mûres, 201

muscade, 24, 43, 44, 48, 64, 71, 73, 74, 107, 110, 121, 144, 167, 179

Muscat, 203

mythe, 17, 19

mythes, 17

mythologie, 13

navet, 33, 76

navets, 31, 32, 38, 44, 75, 91, 92, 111, 165, 168

Navets aux chataîgnes, 165

Nodier, 18

noisettes, 67, 68

nourriture, 13, 14, 15, 16, 17, 19

œuf, 24, 57, 58, 61, 65, 66, 121, 166, 177, 187

œufs, 19, 24, 47, 51, 52, 55, 60, 63, 78, 83, 104, 118,

119, 120, 121, 122, 123, 125, 142, 143, 184, 187, 189, 209

oeufs durs, 81, 82

oie, 38, 82

oignon, 33, 38, 39, 41, 45, 76, 94, 98, 109, 133, 155

oignons, 31, 32, 38, 41, 45, 62, 63, 71, 72, 73, 74, 79, 91, 92, 99, 108, 110, 123, 129, 130, 135, 136, 137, 138, 139, 140, 147, 148, 155, 161, 162, 170, 171

olives violettes, 149, 150

omelette, 125

orange, 35, 151, 177

orangeât, 179, 180

oranges, 151, 179, 183

orge, 33, 37, 211

orge perlée, 33

orties, 117

oseille, 142, 168, 169

pain, 14, 15, 32, 35, 36, 45, 46, 47, 49, 51, 52, 62, 63, 64, 71, 72, 76, 77, 79, 80, 82, 83, 110, 111, 131, 132, 133, 137, 138, 153, 161, 162, 166, 207

Pain d'épices, 26

pain de campagne, 35, 49, 64, 153

Pain de campagne, 49

pain de mie, 62, 82, 83, 110

panais, 75, 91, 92, 167

papier absorbant, 77, 93, 157, 159

papier aluminium, 66, 105, 200

papier sulfurisé, 25, 181, 187

parmesan, 45, 60, 61, 103, 118

Pasté aux champignons, 57

Pastillus de poulet, 65

patate douce, 172, 173

pâte, 23, 24, 27, 57, 58, 60, 61, 65, 66, 77, 83, 86, 87, 102, 118, 120, 121, 122, 123, 125, 144, 145, 172, 177, 178, 179, 180, 181, 184, 188, 189, 190, 191, 207, 208

pâté, 19

pâte à pain, 23

pâte brisée, 60, 61, 65, 118, 120, 121, 122, 123, 125, 144, 177, 178

Pâte brisée, 60, 65, 117, 119, 121

Pâte feuilletée, 101

Pâté sec de truite, 144

peau, 32, 49, 85, 92, 104, 129, 139, 140, 141, 183

persil, 31, 32, 55, 64, 67, 79, 80, 81, 82, 83, 91, 92, 101, 118, 120, 123, 129, 130, 139, 140, 142, 146, 169

Peter F. Hamilton, 19

petit-pois, 166

Petits coquelets farcis, 81

pignons de pin, 125

piment, 161, 162

pintade, 82

poire, 35

poireau, 33, 76, 139, 140

poireaux, 91, 92, 129

pois, 31, 32, 38, 98, 135, 153, 166, 168, 169

pois chiches, 31, 32, 98

poisons, 17

POISSONS, 127

poivre, 31, 37, 38, 39, 43, 49, 62, 63, 65, 67, 74, 75, 79, 84, 92, 94, 97, 98, 105, 106, 110, 112, 117, 119, 122, 125, 129, 135, 147, 148, 149, 151, 156, 157, 159, 168, 172, 173

Poivre, 47, 73, 75, 94, 96, 98, 99, 101, 108, 140, 155

Polidori, 18

pommade, 81, 107

pomme, 35

pommes, 44, 150, 170, 171, 189, 190

porc, 38, 55, 62, 65, 66, 67, 103, 108, 112, 119, 120, 125

porez, 43, 44

Porez *de courge*, 43

Porez *pommes et navets*, 44

pot-au-feu, 77

potion, 19

potiron, 31, 32

poudre d'amande, 74, 99

poularde, 20

poule, 71, 76, 77, 209

poulet, 35, 36, 39, 40, 51, 52, 65, 66, 71, 72, 73, 74, 75, 78, 79, 80, 82, 86, 87, 119, 120, 125

Poulet *persillé aux épices*, 79

poulets de grain, 81

première graisse, 82

pruneaux, 35, 36, 71, 72, 106, 107, 198

purée, 98, 166, 170, 171, 184

Purée de fèves, 170

Queue de Sanglier, 64

Rabelais, 17

râbles, 67, 68

raisin, 147, 148, 203

raisins secs, 35, 36, 55, 121, 125

recyclage, 19

romarin, 106, 107, 108

ronce, 202

rôti, 14, 18, 83, 110, 111, 112, 113

rôtir, 17, 82, 86, 113, 146

rougets, 146

roux, 26, 47, 48, 106, 187

roux blanc, 47, 48

rutabagas, 91

safran, 45, 46, 51, 52, 55, 56, 65, 66, 99, 104, 117, 133, 154, 166, 209, 211

saindoux, 63, 65, 79

Saindoux, 62

Saint-Florentin, 118

Saint-Jacques au calva, 157

Saint-Jacques au cidre, 159

salade, 168, 169

sang, 18

sanglier, 108, 110, 112, 113, 198

sarrasin, 141, 172, 173, 212

sarriette, 142

sauce, 64, 72, 76, 77, 78, 80, 82, 83, 85, 93, 105, 107, 111, 132, 146, 151, 154, 156, 160 *sauge,* 33, 81, 123, 142, 165, 171

saumon, 151, 153

science-fiction, 18, 19

Science-Fiction, 18

Scones, 191

sel, 23, 26, 37, 38, 39, 44, 49, 57, 58, 59, 60, 62, 63, 65, 72, 74, 84, 86, 92, 94, 97, 98, 104, 107, 119, 120, 121, 129, 139, 141, 145, 147, 156, 165, 167, 180, 182, 185, 189, 191, 207, 208, 212

Sel, 31, 33, 37, 41, 47, 49, 67, 71, 73, 79, 82, 96, 98, 99, 101, 103, 106, 108, 110, 117, 118, 125, 140, 144, 149, 151, 153, 157, 159, 167, 168, 170

sel de Guérande, 139

Shakespeare, 13

soupe, 17

Soupe à l'oignon, 45

Soupe à la bière, 47

Soupe à la Molokheya, 39

Soupe d'épautre, 31

Soupe de lentilles au lait de coco, 41

SOUPES, 29

St Pourcain, 201

sucre, 24, 26, 45, 46, 47, 48, 58, 75, 86, 106, 107, 125, 168, 179, 180, 181, 183, 184, 185, 187, 189, 191, 197, 203, 207

Sucre, 179

sucre roux, 24

sucre vanillé, 185

suprêmes de poulet, 75

survie, 19

taillis, 198

Talmouses au fromage, 60

tamari, 172, 173

Tarte bourbonnaise sucrée, 177

terrine, 62, 63, 64, 66, 67, 68, 77, 207, 208

Terrine à la Gauvain, 62

thym, 33, 67, 84, 91, 92, 108, 110, 142, 155

Thym, 33, 142

TOLKIEN, 13

tomate, 98

tomates, 41, 42, 130, 149, 150

tomme, 118

topinambours, 91, 92

tourte, 19

Tourte, 117, 119, 121, 123, 125

Tourte à l'ail, au fromage, aux raisins et aux épices, 121

Tourte à l'ortie, 117

Tourte à la volaille, porc et fromage, 119

tourteaux, 161

truites, 144

Vampire, 18

veau, 62, 96, 108, 125

végétarien, 19

végétariens, 163

viande, 55, 63, 66, 68, 85, 92, 94, 99, 101, 104, 125

Vikings, 200

vin, 14, 19, 25, 26, 33, 34, 35, 36, 45, 46, 64, 67, 68, 71, 72, 76, 77, 79, 80, 91,

92, 96, 106, 107, 108, 110, 111, 112, 129, 130, 133, 135, 136, 139, 140, 142, 143, 146, 153, 154, 165, 197, 198, 201, 202

vin blanc, 33, 35, 45, 46, 67, 68, 71, 72, 76, 77, 79, 80, 91, 92, 96, 129, 130, 135, 139, 140, 142, 143, 146, 153, 154, 165

vin cuit, 25, 26

vin moelleux, 25

vin rouge, 64, 106, 107, 108, 110, 112, 197, 201, 202

vinaigre, 45, 46, 75, 82, 83, 84, 108, 112, 130, 131, 132, 133, 135, 147, 148

vinaigre blanc, 75

vinaigre de vin, 45, 46, 82, 83, 108, 112, 135, 147

volaille, 19

volailles, 19, 62

Walhalla *Voir* Vikings

zeste, 151, 177, 179, 180, 185

zestes, 74, 140

CLAIRE PANIER-ALIX

CUISINE & FANTASY

Ce livre a été imprimé à la demande en Pologne par KDP AMAZON

Dépôt légal : décembre 2019